O coração do idoso

O coração do idoso

Editores
Ibraim Masciarelli Francisco Pinto
Paola Emanuela P. Smanio
Wilson Mathias Jr.

© Editora Manole Ltda., 2017, por meio de contrato com os editores.

Logotipo © Fleury Medicina e Saúde

Editora gestora: Sônia Midori Fujiyoshi
Editoras: Eliane Usui e Juliana Waku
Produção editorial: Juliana Waku

Capa: Departamento de arte da Editora Manole
Projeto gráfico: Anna Yue
Editoração eletrônica: Luargraf Serviços Gráficos

Dados Internacionais de Catalogação na Publicação (CIP)
(Câmara Brasileira do Livro, SP, Brasil)

O Coração do idoso / [editores] Ibraim Masciarelli Francisco Pinto, Paola Emanuela P. Smanio, Wilson Mathias Jr. -- Barueri, SP : Manole, 2017.

Vários autores.
Bibliografia.
ISBN: 978-85-204-5399-5

1. Cardiologia geriátrica 2. Coração - Doenças 3. Coração - Doenças - Diagnóstico 4. Coração - Doenças - Tratamento 5. Diagnóstico por imagem I. Pinto, Ibraim Masciarelli Francisco. II. Smanio, Paola Emanuela P. III. Mathias Junior, Wilson.

17-04336
CDD-618.9761
NLM-WG 200

Índice para catálogo sistemático:
1. Cardiogeriatria : Medicina   618.9761
2. Cardiologia geriátrica : Medicina   618.9761

Todos os direitos reservados.
Nenhuma parte deste livro poderá ser reproduzida, por qualquer processo, sem a permissão expressa dos editores.
É proibida a reprodução por xerox.

A Editora Manole é filiada à ABDR – Associação Brasileira de Direitos Reprográficos.

Edição brasileira – 2017

Editora Manole Ltda.
Av. Ceci, 672 – Tamboré
06460-120 – Barueri – SP – Brasil
Tel.: (11) 4196-6000
www.manole.com.br | info@manole.com.br

Impresso no Brasil | *Printed in Brazil*

Editores

Ibraim Masciarelli Francisco Pinto
Doutor pela Faculdade de Medicina da Universidade de São Paulo. Chefe da Seção de Ressonância e Tomografia do Instituto Dante Pazzanese de Cardiologia. Coordenador da Cardiologia do Grupo Fleury.

Paola Emanuela P. Smanio
Gerente Médica do Centro Diagnóstico do Grupo Fleury. Médica Sênior da Cardiologia e da Medicina Nuclear do Grupo Fleury.

Wilson Mathias Jr.
Livre-Docente em Cardiologia pela Faculdade de Medicina da Universidade de São Paulo. Diretor do Serviço de Ecocardiografia do Instituto do Coração do Hospital das Clínicas da Faculdade de Medicina da Universidade de São Paulo. Médico Master da Cardiologia, Grupo Fleury.

A Medicina é uma área do conhecimento em constante evolução. Os protocolos de segurança devem ser seguidos, porém novas pesquisas e testes clínicos podem merecer análises e revisões. Alterações em tratamentos medicamentosos ou decorrentes de procedimentos tornam-se necessárias e adequadas. Os leitores são aconselhados a conferir as informações sobre produtos fornecidas pelo fabricante de cada medicamento a ser administrado, verificando a dose recomendada, o modo e a duração da administração, bem como as contraindicações e os efeitos adversos. É responsabilidade do médico, com base na sua experiência e no conhecimento do paciente, determinar as dosagens e o melhor tratamento aplicável a cada situação. Os autores e os editores eximem-se da responsabilidade por quaisquer erros ou omissões ou por quaisquer consequências decorrentes da aplicação das informações presentes nesta obra.

Durante o processo de edição desta obra, foram empregados todos os esforços para garantir a autorização das imagens aqui reproduzidas. Caso algum autor sinta-se prejudicado, favor entrar em contato com a editora.

Autores

Alexandre da Costa Pereira
Doutor em Cardiologia pela Faculdade de Medicina da Universidade de São Paulo. Médico assistente do Instituto do Coração do Hospital das Clínicas da Faculdade de Medicina da Universidade de São Paulo (InCor-HC-FMUSP). Coordenador do grupo de genética humana no Laboratório de Genética e Cardiologia Molecular do InCor-HCFMUSP.

Alexandre Novakoski Ferreira Alves
Médico Cardiologista pela Escola Paulista de Medicina da Universidade Federal de São Paulo (EPM-Unifesp). Especialista em Métodos Gráficos e Reabilitação Cardiopulmonar e Metabólica pelo Instituto Dante Pazzanese de Cardiologia. Cardiologista do Setor de Métodos Gráficos.

Amisa Guimarães
Médica da Seção de Medicina Nuclear do Grupo Fleury.

André Paciello Romualdo
Especialista em Radiologia e Diagnóstico por Imagem pela Faculdade de Medicina da Universidade de São Paulo. Médico do Setor de Ultrassonografia e Responsável pelo Doppler do Grupo Fleury.

Andrei Skromov de Albuquerque
Especialista em Radiologista e Diagnóstico por Imagem pela Faculdade de Medicina da Universidade de São Paulo. Especialista em Imagem Cardiovascular pelo Hospital do Coração. Coordenador do Grupo de Imagem Cardiovascular do Hospital Alemão Oswaldo Cruz. Coordenador do Grupo de Estudos de Radiologia Cardiovascular da SPR. Médico do Setor de Imagem Cardiovascular do Grupo Fleury.

Antonio Sergio Tebexreni
Assistente Doutor da Disciplina de Cardiologia da Escola Paulista de Medicina da Universidade Federal de São Paulo (Unifesp). Cardiologista Sênior do Setor de Métodos Gráficos do Fleury Medicina e Saúde.

Aram Hamparsum Mordjikian
Especialista em Cardiologia pela Sociedade Brasileira de Cardiologia. Médico Assessor da Cardiologia do Setor de Métodos Gráficos do Grupo Fleury.

Bruno Vaz Kerges Bueno
Especialista em Cardiologia, Arritmia Clínica e Eletrofisiologia Invasiva. Médico Segundo-Assistente do Serviço de Arritmia da Santa

Casa de São Paulo, Médico Pleno do setor de Cardiologia do Grupo Fleury.

Carlos Alberto Rodrigues de Oliveira
Especialista em Cardiologia – área de atuação em Métodos Gráficos. Médico Sênior do Fleury Medicina e Saúde. Médico Assistente do Serviço de Eletrocardiologia da Clínica Médica do Instituto Central do Hospital das Clínicas da Faculdade de Medicina da Universidade de São Paulo (ICHC-FMUSP).

Cecil Wall de Carvalho Neto
Título de especialista em Radiologia pelo Colégio Brasileiro de Radiologia. Radiologista do grupo de imagem cardiovascular do Grupo Fleury e do Hospital Alemão Osvaldo Cruz.

Dalmo Antonio Ribeiro Moreira
Doutor em Ciências pela Faculdade de Medicina da Universidade de São Paulo. Professor Titular da Disciplina de Fisiologia Humana da Faculdade de Medicina de Itajubá. Chefe da Seção Médica de Eletrofisiologia e Eletrocardiologia do Instituto Dante Pazzanese de Cardiologia. Médico do Setor de Métodos Gráficos do Grupo Fleury.

Daniela Albertotti
Médica da Seção de Medicina Nuclear do Grupo Fleury.

Eduardo Villaça Lima
Doutor em Cardiologia pela Universidade de São Paulo. Título de Especialista em Cardiologia e Ergometria pela Sociedade Brasileira de Cardiologia. Médico Sênior do Setor de Métodos Gráficos do Fleury.

Elry Vieira Neto
Médico da Seção de Medicina Nuclear do Grupo Fleury. Médico da Seção de Medicina Nuclear do Instituto Dante Pazzanese de Cardiologia.

Felício Savioli Neto
Doutor em Ciências da Saúde pela Faculdade de Medicina da Universidade de São Paulo (FMUSP). Especialista em Cardiologia. Chefe da Seção de Cardiogeriatria do Instituto Dante Pazzanese de Cardiologia.

Horacio Gomes Pereira Filho
Especialista em Ergometria e Cardiologia pela Sociedade Brasileira de Cardiologia. Médico Assistente da Unidade de Eletrocardiografia de Repouso do Instituto do Coração do Hospital das Clínicas da Faculdade de Medicina da Universidade de São Paulo (InCor-HCFMUSP). Médico Assistente do setor de Métodos Gráficos do Grupo Fleury.

Ivana Antelmi Cuninghant
Doutora em Ciências pela Universidade de São Paulo. Médica Assistente da Divisão de Clínica do Instituto do Coração do Hospital das Clínicas da Faculdade de Medicina da Universidade de São Paulo (InCor-HCFMUSP). Assessora e Coordenadora do Setor de Métodos Gráficos do Grupo Fleury.

James Coelho
Professor Assistente do DOGI/Faculdade de Ciências Médicas da Santa Casa de São Paulo.

Jeane M. Tsutsui
Professora Livre-Docente pela Faculdade de Medicina da Universidade de São Paulo. Médica Pesquisadora da Equipe de Ecocardiografia de Adultos do Instituto do Coração do Hospital das Clínicas da Faculdade de Medicina da Universidade de São Paulo (InCor-HCFMUSP). Diretora Executiva Médica e Técnica do Grupo Fleury.

João Manoel Rossi Neto
Doutor em Ciências pela Universidade de São Paulo. Responsável pelo Ambulatório de Disfunção Ventricular e Transplante

do Instituto Dante Pazzanese de Cardiologia. Cardiologista Sênior do Setor de Métodos Gráficos do Grupo Fleury.

Jose Mendes Aldrighi
Professor Titular e Diretor do Departamento de Ginecologia e Obstetrícia da Faculdade de Medicina da Santa Casa de São Paulo. Professor Associado III da Faculdade de Saúde Pública da Universidade de São Paulo.

Leonardo Machado
Médico da Seção de Medicina Nuclear do Grupo Fleury. Médico da Seção de Medicina Nuclear do Instituto Dante Pazzanese de Cardiologia.

Marco Antonio C. de Oliveira
Médico da Seção de Medicina Nuclear do Grupo Fleury. Médico da Seção de Medicina Nuclear do Instituto Dante Pazzanese de Cardiologia.

Maurício Wajngarten
Professor Livre-Docente pela Faculdade de Medicina da Universidade de São Paulo (FMUSP).

Nabil Ghorayeb
Especialista em Cardiologia e em Medicina do Esporte. Cardiologista Sênior do Grupo Fleury. Chefe da Cardioesporte do Instituto Dante Pazzanese de Cardiologia.

Nairo Massakazu Sumita
Assessor Médico em Bioquímica Clínica do Fleury Medicina e Saúde. Professor Assistente Doutor da Disciplina de Patologia Clínica da Faculdade de Medicina da Universidade de São Paulo (FMUSP). Diretor do Serviço de Bioquímica Clínica da Divisão de Laboratório Central do Hospital das Clínicas da FMUSP (LIM-03 da Patologia Clínica). Diretor Científico da Sociedade Brasileira de Patologia Clínica/Medicina Laboratorial (SBPC/ML).

Neire Niara F. Araujo
Doutora em Ciências pelo Programa USP-I-DPC: Medicina – Tecnologia e Intervenção em Cardiologia. Médica Cardiologista da Seção de Cardiogeriatria do IDPC.

Paulo Caleb Júnior de Lima Santos
Professor Adjunto na Escola Paulista de Medicina da Universidade Federal de São Paulo (EPM-Unifesp). Pós-doutorado pela Faculdade de Medicina da Universidade de São Paulo, no Laboratório de Genética e Cardiologia Molecular do Instituto do Coração do Hospital das Clínicas da Faculdade de Medicina da Universidade de São Paulo (InCor-HCFMUSP). Doutor em Ciências pelo Programa de Pós-Graduação da Faculdade de Ciências Farmacêuticas da USP.

Priscilla Cestari
Médica da Seção de Medicina Nuclear do Grupo Fleury. Médico da Seção de Medicina Nuclear do Instituto Dante Pazzanese de Cardiologia.

Renato Scotti Bagnatori
Especialista em Cardiologia pela Sociedade Brasileira de Cardiologia. Médico Assessor da Cardiologia do Setor de Métodos Gráficos do Grupo Fleury. Médico Diarista da Unidade Coronariana do Hospital Sírio-Libanês.

Ronald Brewer Pereira Freire
Doutor em Ciências pela Universidade de São Paulo. Assessor Médico Sênior do Setor de Métodos Gráficos do Grupo Fleury. Médico da Unidade Coronária – Instituto Dante Pazzanese de Cardiologia.

Sérgio Tazima
Médico da Seção de Medicina Nuclear do Grupo Fleury.

Valdir Ambrósio Moises
Professor Adjunto Livre-Docente da Disciplina de Cardiologia do Departamento de Medicina da Escola Paulista de Medicina da Universidade Federal de São Paulo. Médico Assessor em Cardiologia (Ecocardiografia) do Grupo Fleury.

Viviane Zorzanelli Rocha
Médica Cardiologista da Unidade Clínica de Lípides do Instituto do Coração do Hospital das Clínicas da Faculdade de Medicina da Universidade de São Paulo (InCor-HCFMUSP). Clínica do Setor de Check-up do Grupo Fleury. Doutora em Ciências pela Universidade de São Paulo.

Sumário

1. Influência do envelhecimento sobre as doenças cardiovasculares 1
Maurício Wajngarten

2. Provas bioquímicas para a avaliação da função renal e do acompanhamento da ICC no idoso 7
Nairo Massakazu Sumita

3. O papel de testes genéticos no idoso 16
Alexandre da Costa Pereira, Paulo Caleb Júnior de Lima Santos, Viviane Zorzanelli Rocha

4. Função ventricular esquerda: parâmetros normais e peculiaridades da disfunção no idoso 21
João Manoel Rossi Neto, Ronald Brewer Pereira Freire, Renato Scotti Bagnatori, Aram Hamparsum Mordjikian

5. Cardiomiopatias não isquêmicas no idoso 29
Felício Savioli Neto, Neire Niara F. Araujo

6. Terapia cardiovascular no idoso 36
Maurício Wajngarten

7. Terapia hormonal e risco cardiovascular 50
Jose Mendes Aldrighi, James Coelho

8. Peculiaridades dos métodos diagnósticos em idosos: eletrocardiograma 54
Carlos Alberto Rodrigues de Oliveira, Horacio Gomes Pereira Filho, Ivana Antelmi Cuninghant

9. O Holter de 24 horas na avaliação das arritmias cardíacas em idosos 59
Dalmo Antonio Ribeiro Moreira, Bruno Vaz Kerges Bueno

10. Peculiaridades dos métodos diagnósticos em idosos: teste ergométrico e teste cardiopulmonar 71
Antonio Sergio Tebexreni, Alexandre Novakoski Ferreira Alves, Eduardo Villaça Lima

11 Papel da ecocardiografia na identificação das modificações fisiológicas e nas doenças cardíacas em idosos. 76
Jeane M. Tsutsui, Valdir Ambrósio Moises, Wilson Mathias Jr.

12 Papel dos exames de medicina nuclear em cardiologia no idoso 94
Paola Emanuela P. Smanio, Marco Antonio C. de Oliveira, Sérgio Tazima, Amisa Guimarães, Daniela Albertotti, Leonardo Machado, Priscilla Cestari, Elry Vieira Neto

13 Peculiaridades dos métodos diagnósticos em idosos: angiotomografia de artérias coronárias 103
Andrei Skromov de Albuquerque

14 Ressonância magnética: por que não esquecer esse exame no cardiopata idoso 113
Ibraim Masciarelli Francisco Pinto, Andrei Skromov de Albuquerque, Cecil Wall de Carvalho Neto, André Paciello Romualdo

15 Atividade física e esportiva no idoso 121
Nabil Ghorayeb, Felício Savioli Neto

Índice remissivo 128

Prefácio

O envelhecimento populacional, fenômeno observado em todo o mundo, cristaliza-se também na população brasileira, conforme dados apontados pelo Instituto Brasileiro de Geografia e Estatística (IBGE). Conhecer as possíveis alterações que ocorrem no coração do idoso e as potenciais diferenças na avaliação diagnóstica dessa população torna-se de grande importância para a prática clínica. Adicionalmente, vale lembrar que a incidência de doenças cardiovasculares aumenta com a idade, representando causa significativa de piora de qualidade de vida, morbidade e mortalidade.

Nesse contexto, o presente livro traz relevante contribuição para o entendimento do coração do idoso e espelha a constante busca do Fleury por ampliação do conhecimento médico. Ao longo de seus mais de 90 anos de existência, o Fleury vem atuando para melhorar a saúde dos pacientes por meio de medicina diagnóstica integrada, de excelência e inovadora.

Os editores desta obra, Ibraim Masciarelli Francisco Pinto, Paola Emanuela Smanio e Wilson Mathias Jr., são exponentes nomes da Cardiologia nacional e apresentam grande experiência e reconhecimento em suas respectivas áreas de atuação em imagem cardiológica. De forma conjunta, eles elaboraram uma sequência de capítulos que discutem aspectos como a influência do envelhecimento sobre as doenças cardiovasculares, parâmetros normais e alterações cardiovasculares dessa população, efeitos dos fármacos e avaliação diagnóstica nos idosos.

Foram convidados como autores notórios profissionais do Fleury e de renomadas instituições de ensino e pesquisa, reunindo diferentes vivências clínicas e acadêmicas. Os capítulos são apresentados de maneira didática, com linguagem clara e objetiva, trazendo os aspectos mais relevantes de cada tema. São abordadas questões práticas e peculiaridades dos diferentes métodos diagnósticos nos idosos, incluindo testes moleculares, eletrocardiografia, ecocardiografia, medicina nuclear, angiotomografia de artérias coronárias e ressonância magnética cardíaca, com imagens ilustrativas que facilitam a compreensão da aplicação dos exames nas diferentes situações clínicas.

Assim, eu saúdo os editores e autores deste livro pelo excelente trabalho. É com imensa satisfação que recomendo esta leitura não somente aos cardiologistas, mas também a todos os profissionais que querem aprofundar seus conhecimentos sobre o envelhecimento e alterações cardiovasculares, aplicando esse aprendizado para melhorar o cuidado ao paciente idoso.

Jeane Mike Tsutsui
Professora Livre-Docente em Cardiologia
pela Faculdade de Medicina da
Universidade de São Paulo
Diretora Executiva Médica e
Técnica do Grupo Fleury

CAPÍTULO 1

Influência do envelhecimento sobre as doenças cardiovasculares

Maurício Wajngarten

INTRODUÇÃO

O envelhecimento é o maior fator de risco para as doenças cardiovasculares (DCV). Isso torna-se evidente quando estudamos a epidemiologia da doença cardiovascular subclínica. Ela acomete cerca de 40% da população idosa, enquanto 40% apresenta a doença manifesta e apenas 20% é isenta de doença. Embora silenciosa, a forma subclínica influi de forma negativa sobre o prognóstico[1].

A longevidade da população brasileira vem aumentando e, consequentemente, cresce o impacto das DCV, pela alta prevalência e pela morbidade e mortalidade associadas. Pode-se antever uma verdadeira avalanche de idosos com DCV, que deverá impor enormes custos econômicos e sociais.

O envelhecimento "bem-sucedido" é multidimensional, pois abrange as funções física, cognitiva, social e emocional. As DCV podem afetar esses três domínios e, portanto, a promoção do envelhecimento "bem-sucedido" passa, necessariamente, pela prevenção e pelo controle dessas doenças.

Atender a um idoso é desafiador, pois exige amplo conhecimento e muita sensibilidade. Deve-se focar na pessoa e não na doença e, mais do que cura, visar a prevenção e o controle de problemas crônicos. Para tanto, impõe-se buscar soluções para os fatores modificáveis que aumentam a vulnerabilidade, bem como conhecer as peculiaridades clínicas da apresentação das DCV nos idosos.

VULNERABILIDADES (BIOLÓGICAS, PSÍQUICAS E SOCIAIS)

O envelhecimento aumenta a vulnerabilidade às doenças. O tempo promove uma verdadeira "conspiração". Do ponto de vista biológico, resumidamente, o envelhecimento "normal" ou fisiológico que alguns chamam de senescência aumenta a rigidez das artérias, modifica o endotélio, reduz respostas e reservas cardiovasculares.

As artérias tendem a tornar-se mais rígidas com a idade, diminuindo a elasticidade e a complacência da aorta e de grandes artérias, predispondo ao aumento da pressão arterial sistólica e à diminuição da diastólica. Em consequência, a pressão de pulso aumenta, com o aumento da impedância à ejeção ventricular esquerda, resultando em tendência a hipertrofia miocárdica e fibrose intersticial. O déficit de relaxamento ventricular e o aumento da rigidez do ventrículo esquerdo (VE) são mecanismos subjacentes que facilitam a disfunção diastólica (subsequentemente à insuficiência cardíaca com fração de ejeção preservada). A contratilidade miocárdica não se altera de modo significativo em função da idade, mas sim por doenças associadas. O débito cardíaco tende a manter-se normal em repouso. Porém, durante o exercício a frequência cardíaca máxima e o consumo máximo de oxigênio são reduzidos em idosos saudáveis, em comparação com indivíduos mais jovens.

Uma acentuação dessas mudanças leva ao envelhecimento inadequado, patológico, com aumento da pressão arterial, facilitação na formação de placas ateroscleróticas e hipertrofia ventricular. Obviamente, decorrem disso: acentuação da redução das reservas funcionais e maior risco para a ocorrência dos eventos cardiovasculares com as suas repercussões. O enrijecimento arterial e as modificações do endotélio são interligados e exercem o papel mais relevante nesses processos.

Vale ressaltar que, nos idosos, os conhecidos fatores de risco para DCV, com destaque para inflamação, sensibilidade ao sódio, sensibilidade à insulina e modificações hormonais, apresentam-se muitas vezes concomitantes e o próprio tempo propicia a promoção dos efeitos nocivos contribuindo para a referida "conspiração" (Figura 1).

A vulnerabilidade psicossocial tem influência sobre a qualidade do envelhecimento. Perfil psicossocial desfavorável prejudica a saúde e restringe a atuação social e laboral do idoso. O envelhecimento "saudável" é importante, mas não basta. Devemos almejar o envelhecimento "ativo" e "participativo"[2].

Grande parte dos idosos padece de restrições econômicas. Elas são relacionadas à queda nos

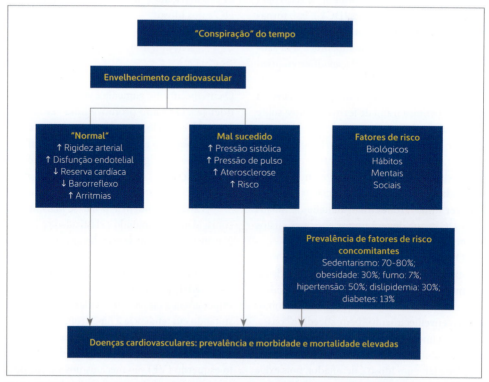

Figura 1 A "conspiração" do tempo favorece o surgimento de alterações morfológicas e funcionais do sistema cardiovascular relacionadas ao envelhecimento que, quando acentuadas, promovem o envelhecimento "malsucedido". Paralelamente, os fatores de risco, muitas vezes concomitantes, contribuem para elevar ainda mais a vulnerabilidade às doenças cardiovasculares.

rendimentos após a aposentadoria e ao aumento de gastos, motivados em grande parte pelos problemas de saúde. Em paralelo, de modo geral, à medida que se envelhece aumenta o isolamento social e perdem-se redes e apoios. A frequência de depressão e ansiedade aumenta, enquanto são menos frequentes perfis psicológicos positivos com otimismo e objetivos de vida.

Vale ressaltar a inter-relação entre as DCV e os perfis psicossociais. As doenças fragilizam e predispõem a depressão, dependência, isolamento e falta de adesão a orientações médicas. Ademais, sugere-se atualmente que alterações circulatórias cerebrais decorrentes das afecções e dos fatores de risco cardiovasculares, sobretudo hipertensão e diabetes, associam-se a depressão, bem como aos declínios cognitivos[3].

PECULIARIDADES CLÍNICAS

Idosos com a mesma idade cronológica diferem muito entre si. De fato, há, além da cronológica, as idades biológica, funcional, social e psicológica. Fatores genéticos, ambientais, estilo de vida, doenças e sequelas influem nessas "idades" e são determinantes da qualidade de vida, bem como da longevidade. Portanto, a avaliação clínica do idoso deve ser cuidadosa, detalhada e, ainda, ser ampla e envolver múltiplos domínios biopsicossociais.

A necessidade da avaliação global pode ser exemplificada pela grande frequência de alterações neuropsicológicas, distúrbios de sono, desnutrição, dependência e incapacidade (Figura 2).

A avaliação do risco de quedas é importante, especialmente para os pacientes com indicação de tratamento anticoagulante.

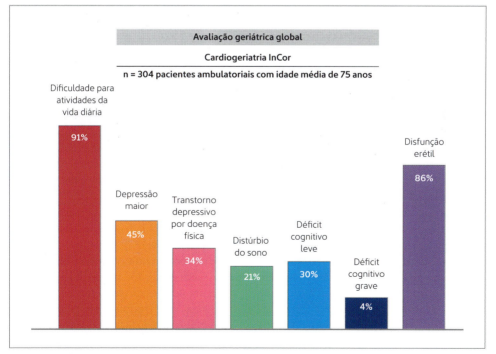

Figura 2 A avaliação geriátrica ampla ou global evidencia distúrbios frequentes e relevantes. Levantamento realizado entre 304 pacientes ambulatoriais do Instituto do Coração do Hospital das Clínicas da Faculdade de Medicina da Universidade de São Paulo (Incor-HCFMUSP) mostrou grande prevalência de dificuldade para atividades de vida diária, problemas psiconeurológicos, distúrbios do sono e da função sexual.

A peculiaridade de comportamentos dificulta diagnósticos. Ela é causada pelas alterações próprias do envelhecimento, manifestações atípicas das doenças e a frequente concomitância de várias doenças (comorbidades).

Na anamnese, muitas vezes surgem dificuldades de comunicação que prejudicam a troca de informações entre o paciente e o profissional da saúde. A informação sobre medicações usadas é muito importante, mas frequentemente é imprecisa.

A sobreposição entre alterações cardiovasculares próprias do envelhecimento e processos patológicos pode dificultar a correta interpretação dos sintomas e sinais clínicos. Por exemplo, no diagnóstico da insuficiência cardíaca, fadiga, cansaço, dispneia e baixa tolerância aos esforços são manifestações frequentes, porém inespecíficas. Baixos níveis de atividade física, autolimitação física e o rebaixamento da capacidade funcional podem implicar a não percepção das manifestações de insuficiência cardíaca. As frequentes comorbidades reduzem ainda mais a sensibilidade e a especificidade dos critérios clínicos. Além disso, as apresentações atípicas, como sonolência, confusão mental, náuseas, dores abdominais, perda do apetite, insônia e *delirium* são mais comuns nessa faixa etária.

No caso da doença coronária, a dor torácica típica ocorre em menos da metade dos pacientes. Pode ser menos intensa, ou não ocorrer, em razão da atividade física limitada e de fatores relacionados à sensibilidade dolorosa. Dispneia, fadiga e fraqueza podem ser os sintomas predominantes no paciente idoso. A dor pode ser atípica e assumir diferentes formas, tais como dor nos ombros ou nas costas (confundindo com doença musculoesquelética), dor em região epigástrica (confundindo com úlcera péptica), dor pós-prandial ou noturna (sugerindo hérnia de hiato ou refluxo esofágico) e tornando necessária a realização de diagnóstico diferencial com refluxo e espasmo do esôfago, úlcera péptica, colelitíase, distúrbios neuromusculoesqueléticos e estados de ansiedade.

Ao exame físico, deve-se medir a pressão arterial nos quatro membros e em posição ortostática quando possível. Cerca de 20% dos idosos apresentam hipotensão ortostática que pode provocar sintomas e eventos indesejados quando utilizados medicamentos que reduzem a pressão arterial. O enrijecimento arterial tende a subestimar a pressão medida pelo método oscilométrico e, consequentemente, na presença de pseudo-hipertensão. A presença de hiato auscultatório, comum nos idosos, pode prejudicar a avaliação pelo método auscultatório. Sopros causados por alterações valvares sem repercussão são comuns e, por outro lado, sopros por reais doenças valvares podem ter características menos típicas do que nos pacientes mais jovens. Achados de ausculta pulmonar, como estertores, podem ter causa cardíaca, pulmonar ou ambas. Fígado palpável pode ser causado por alterações da morfologia toracoabdominal e não por real hepatomegalia. Edema de membros inferiores é comum e pode ter múltiplas etiologias que podem estar associadas.

Os exames complementares assumem, diante das dificuldades expostas, um papel importante. Porém, apresentam problemas de realização e interpretação. De modo geral, perdem especificidade, por conta das alterações próprias da idade e comorbidades. Aliás, embora os critérios de interpretação de exames não se alterem com o envelhecimento, a definição de padrões de normalidade para os mais velhos é relativamente frágil.

A avaliação laboratorial auxilia na identificação de comorbidades que podem ser fatores predisponentes às DCV, bem como precipitantes de descompensações e eventos. Destacam-se, entre várias condições, anemia, diabetes, doença da tireoide, insuficiência renal e processos infecciosos, muito prevalentes no paciente idoso.

A radiografia do tórax apresenta baixa sensibilidade e especificidade. A redução do diâmetro lateral do tórax, comum nas idosas, pode sugerir erroneamente uma cardiomegalia. Afecções pulmonares e cardíacas promovem alterações no parênquima e dificultam a interpretação.

O eletrocardiograma frequentemente pode apresentar extrassistolia, alongamento do intervalo PR e bloqueios de ramo sem maior significado clínico. O aumento do diâmetro anteroposterior do tórax pode reduzir a sensibilidade para o diagnóstico de sobrecargas de câmaras. São comuns alterações da repolarização ventricular relacionadas a medicamentos e comorbidades, por exemplo.

O Holter de 24 horas, também conhecido como eletrocardiograma dinâmico ou eletrocardiograma de 24 horas, mostra extrassistolia em mais de 20% de idosos sadios, sendo comum a dissociação entre sintomas e arritmias observadas. Nos pacientes sintomáticos, uma opção interessante é o monitor de eventos cardíacos (*Looper*), pois possibilita uma monitorização prolongada. Vale lembrar a dificuldade no diagnóstico da fibrilação atrial silenciosa ou assintomática. Estima-se que seja relativamente frequente e na medida em que não é diagnosticada acaba por não ser devidamente tratada com anticoagulantes para reduzir o risco tromboembólico[4].

A monitorização ambulatorial da pressão arterial (MAPA) pode trazer subsídios clínicos valiosos em idosos, como nos casos de suspeita de hipotensão arterial ortostática, pós-prandial, medicamentosa e situacional, bem como na avaliação de disautonomia e síncopes. Algumas limitações que influem na aferição da pressão arterial dos idosos também podem influir na MAPA. Aceitam-se para os idosos os mesmos valores de normalidade da MAPA adotados para os adultos não idosos. O prejuízo do descenso da PA durante o sono, a pressão de pulso aumentada e a elevação abrupta de pressão arterial matutina, comuns nos idosos, relacionam-se a aumento do risco cardiovascular[5].

O teste ergométrico pode ser inviabilizado por instabilidade postural, redução da mobilidade, incapacidade cognitiva, comorbidades, pouca familiaridade com o ergômetro, medo e ansiedade. Falta de motivação pode dificultar a realização do teste. O uso de medicamentos ou a presença de alterações eletrocardiográficas em repouso são comuns e podem dificultar a interpretação do exame. A prevalência do teste de esforço falso-negativo aumenta com a idade, reflexo da maior prevalência de DAC nessa população. A prevalência do falso-positivo é elevada por conta da presença de outras condições comuns, como a hipertensão arterial. O exame, apesar dessas limitações, é útil e relativamente seguro para o idoso, devendo se dar preferência para protocolos de exercício com incrementos graduais de carga.

Os testes farmacológicos associados à imagem, como cintilografia de perfusão miocárdica, ecocardiografia de estresse e ressonância magnética do coração são indicados diante da dificuldade na realização do exercício. Outra indicação para tais testes é a frequente presença de alterações no eletrocardiograma de repouso, como hipertrofia ventricular esquerda, bloqueio de ramo esquerdo e arritmias, que tornam a interpretação do teste ergométrico inconclusiva ou impossível.

O ecocardiograma transtorácico é exame não invasivo extremamente útil na medida em que fornece subsídios anatômicos e funcionais que complementam o raciocínio clínico. Nos idosos, a aquisição de imagens pode ser dificultada por deformidades da caixa torácica ou por doenças pulmonares crônicas, e a análise da função ventricular pode estar comprometida pela concomitância de fibrilação atrial. O diagnóstico da disfunção sistólica do VE é estabelecido pela fração de ejeção com valores inferiores a 45%. Na disfunção diastólica, o estudo com Doppler tem sido empregado, com análises do padrão de enchimento diastólico do VE. Na insuficiência cardíaca com fração de ejeção preservada, os critérios incluem evidências ecocardiográficas de anormalidades no padrão de enchimento do VE que devem ser devidamente diferenciadas daquelas observadas no envelhecimento normal. Diversos índices e técnicas ecocardiográficas têm sido empregados no diagnóstico da disfunção diastólica do VE, em especial o Doppler tecidual.

A angiotomocoronariografia pode ser útil para descarte do diagnóstico de síndromes coronárias agudas. Na doença crônica estável, o escore de cálcio pode auxiliar na avaliação do risco cardiovascular e a angiotomografia pode ser útil no esclarecimento de casos com discordância entre dados clínicos e/ou exames subsidiários. Deve-se ressaltar que com o envelhecimento ocorre um aumento da calcificação nas artérias coronárias. Em consequência, têm sido propostos níveis de corte maiores do escore de cálcio do que os adotados nos mais jovens para a avaliação do risco em idosos. Além disso, a maior calcificação das artérias coronárias pode provocar uma hiperestimação dos graus de obstrução e exageros na indicação de procedimentos invasivos.

A cinecoronariografia é um exame invasivo que acarreta riscos maiores nos idosos, independentemente da presença de outras comorbidades. Desse modo, a indicação dela deve ser muito criteriosa.

Merece atenção, assim como todos os exames que utilizam contraste, a disfunção renal induzida por contraste (NIC). Ela é mais frequente entre os idosos, especialmente nos com mais de 75 anos e nos pacientes com diabetes ou insuficiência cardíaca.

Não se deve indicar a cinecoronariografia de rotina, mesmo para pacientes com risco intermediário e alto, em pacientes com comorbidades importantes ou reduzida expectativa de vida (p. ex., insuficiência respiratória, renal, hepática, câncer de prognóstico fechado), bem como naqueles que *a priori* recusam perspectivas de tratamento por revascularização miocárdica.

É importante enfatizar que os pacientes idosos com evidência objetiva de isquemia moderada ou grave nos testes não invasivos devem ter a mesma indicação para cinecoronariografia que os pacientes mais jovens.

CONSIDERAÇÕES FINAIS

Os idosos têm comportamentos muito heterogêneos. Os pacientes encontrados na vida real, com várias doenças concomitantes, são pouco representados nos grandes ensaios clínicos que norteiam as recomendações das diretrizes. Assim, a aplicação delas nos mais velhos torna-se limitada. Servem apenas para nortear aspectos gerais das condutas. Quase sempre é necessária a individualização, obedecendo às nuances encontradas em cada paciente. Os limites entre atingir os objetivos desejados ou provocar iatrogenia são tênues. Por isso mesmo é fundamental avaliar o idoso de modo abrangente e em múltiplos domínios.

A realidade constatada nos ambulatórios, consultórios e hospitais mostra, de modo inequívoco, que a atenção ao idoso deve transcender os limites impostos por especialidades. Jamais será possível formar número suficiente de profissionais especializados para atender à crescente população idosa. A solução é produzir e divulgar conhecimentos para "geriatrizar" o profissional da saúde e a própria sociedade como um todo. Enfim, assistir a um idoso é um desafio, um processo artesanal que representa bem a prática da arte da medicina.

REFERÊNCIAS BIBLIOGRÁFICAS

1. Wajngarten M, Mansur AP. Cardiopatia no idoso e na mulher. 1. ed. São Paulo: Atheneu; 2012.
2. Rodrigues GH, Gebara OC, Gerbi CC, Pierri H, Wajngarten M. Depression as a clinical determinant of dependence and low quality of life in elderly patients with cardiovascular disease. Arq Bras Cardiol. 2015;104(6):443-9.
3. Santos PP, Silveira PS, Souza-Duran FL, Tamashiro-Duran JH, Scazufca M, Menezes PR, et al. Prefrontal-parietal white matter volumes in healthy elderlies are decreased in proportion to the degree of cardiovascular risk and related to inhibitory control deficits. Front Psychol. 2017;8:57.
4. Lima C, Martinelli M, Peixoto GL, Siqueira SF, Wajngarten M, Silva RT, et al. Silent atrial fibrillation in elderly pacemaker users: a randomized trial using home monitoring. Ann Noninvasive Electrocardiol. 2016;21(3):246-55.
5. Sociedade Brasileira de Cardiologia. V Diretrizes de monitoração ambulatorial da pressão arterial (MAPA) e III Diretrizes de monitoração residencial da pressão arterial (MRPA). Arq Bras Cardiol. [Internet]. 2011;97(3 Suppl.3):1-2.

CAPÍTULO 2

Provas bioquímicas para a avaliação da função renal e do acompanhamento da ICC no idoso

Nairo Massakazu Sumita

PROVAS BIOQUÍMICAS PARA A AVALIAÇÃO DA FUNÇÃO RENAL NO IDOSO

Ureia

A ureia é produzida sobretudo no fígado, sendo um produto final do metabolismo de proteínas e aminoácidos. É livremente filtrada pelos glomérulos e 40 a 70% são posteriormente reabsorvidos a nível tubular, retornando para a corrente circulatória. O nível plasmático da ureia varia conforme a dieta e a função hepática.

Uremia refere-se a uma condição clínica decorrente da elevação dos níveis de ureia no sangue. A uremia pode ser classificada em pré-renal, renal ou pós-renal. Algumas situações clínicas que podem evoluir para um quadro de uremia são:

- Uremia pré-renal: desidratação, insuficiência cardíaca congestiva, hemorragia gastrintestinal e choque.
- Uremia renal: glomerulonefrite, pielonefrite, necrose tubular aguda.
- Uremia pós-renal: calculose urinária, tumor e trombose de veia renal.

Habitualmente, a unidade de concentração da ureia é expressa na forma mg/dL.

Na literatura internacional, não raramente, observam-se resultados de ureia sob a forma de nitrogênio ureico, ou BUN (na língua inglesa, *blood urea nitrogen*), também expresso na unidade mg/dL. Para a conversão dos valores utilizam-se as seguintes fórmulas:

- Ureia (mg/dL) × 0,467 = BUN (mg/dL).
- BUN (mg/dL) × 2,146 = Ureia (mg/dL).

Valor de referência: 10 a 45 mg/dL.

Creatinina

A creatinina origina-se do metabolismo da creatina e da fosfocreatina no tecido muscular. Sua concentração no sangue tem estreita correlação com a massa muscular do indivíduo. A dieta pouco interfere nos níveis plasmáticos. A doença renal é a causa mais comum de elevação dos níveis de creatinina

A creatinina é livremente filtrada pelos glomérulos. Em situação normal, uma ínfima quantidade de creatinina é secretada e praticamente não é reabsorvida. Embora a concentração plasmática de creatinina seja muitas vezes relacionada com a taxa de filtração glomerular, a relação entre ambas não é linear.

Valores de referência:

- Até 6 anos: 0,3 a 0,7 mg/dL.
- De 7 a 12 anos: 0,4 a 0,8 mg/dL.
- Acima de 12 anos (sexo masculino): 0,8 a 1,2 mg/dL.
- Acima de 12 anos (sexo feminino): 0,6 a 1,0 mg/dL.

Depuração (ou *clearance*) da creatinina

A depuração da creatinina é calculada pela seguinte fórmula:

$$\text{Depuração da creatinina (mL/min)} = \frac{\text{Ucr} \times \text{Vmin}}{\text{Pcr}}$$

onde,
Ucr = concentração urinária de creatinina*
Vmin = fluxo urinário por minuto (mL/minuto)**
Pcr = concentração plasmática de creatinina*

O resultado obtido pela fórmula é normalizado para que este possa ser comparado a um valor de referência. O parâmetro utilizado para esse fim é a superfície corpórea de 1,73 m². A maioria dos laudos laboratoriais fornece dois resultados: um direto e outro após correção para a superfície corpórea de 1,73 m².

A depuração da creatinina expressa adequadamente a função de filtração glomerular em indivíduos sem doença renal. Quando se instala a insuficiência renal, a secreção tubular de creatinina torna-se mais significativa, podendo superestimar a filtração glomerular em 50 a 200%, em relação à calculada pela inulina[1]. Esses métodos utilizam substâncias exógenas, as quais são livremente filtradas pelos glomérulos, porém necessitam ser infundidas por via venosa para garantir concentração plasmática constante. Essas substâncias podem ser radioativas como o ácido etileno diamino tetra-acético (EDTA) marcado com cromo 51 ou iotalamato de sódio marcado com iodo 125, ou não radioativas, como a inulina e o iotalamato. A dificuldade na obtenção dessas substâncias, aliada às técnicas de dosagem relativamente complexas, limita a utilização desses métodos na prática médica e laboratorial de rotina.

Valor de referência:

- 70 a 120 mL/minuto/1,73 m²

Fórmulas para estimativa da taxa de filtração glomerular

A depuração da creatinina apresenta uma série de dificuldades e limitações, particularmente por erros de coleta da urina e pelas variações diárias na excreção da creatinina. A estimativa da taxa de filtração glomerular é obtida por meio de um cálculo a partir da dosagem da creatinina sérica, idade, sexo e etnia. O uso de equações dispensa a necessidade da coleta de urina e permite uma boa estimativa da taxa de filtração glomerular. As fórmulas atualmente indicadas para o cálculo da estimativa são:

- MDRD (*Modification of Diet in Renal Disease Study Group*)[2,3]: a fórmula MDRD pode ser aplicada para indivíduos entre 18-70 anos de idade e permite o ajuste de acordo com a área de superfície corporal.
- CKD-EPI (*Chronic Kidney Disease Epidemiology Collaboration*)[2-4]: a fórmula CKD-EPI é recomendada pela Força Tarefa em Doenças Renais Crônicas da International Federation of Clinical Chemistry and Laboratory Medicine (IFCC) e World Association of Societies of Pathology and Laboratory Medicine (WASPaLM) e pela Kidney Disease Improving Global Outcomes (KDIGO). A fórmula CKD-EPI é aplicável quando a dosagem de creatinina pelo laboratório utiliza uma calibração rastreável ao método ID-MS (*isotope dillution mass spectometry*). A fórmula CKD-EPI produz valores mais exatos e precisos que a fórmula MDRD.

---

* Utilizar a mesma unidade de concentração para Ucr e Pcr.
** O paciente deve ser orientado para que não haja perda de volume urinário durante o período da coleta.

Valor de referência:

- Adultos: acima de 60 mL/min/1,73 m².

Proteinúria e microalbuminúria

A avaliação da proteinúria e microalbuminúria é importante no diagnóstico e acompanhamento da doença renal. A coleta de urina de 24 horas é considerada a melhor amostra para avaliação da proteinúria. Já na avaliação da microalbuminúria, a coleta por um período de 12 horas noturnas é preferível, embora amostras de 24 horas também sejam adequadas. O uso da relação proteinúria/creatininúria e microalbuminúria/creatininúria, em amostra isolada, é considerado um método de mensuração menos sujeito aos erros de coleta, apresentando, inclusive, boa correlação com a medida em 24 horas[1].

Valores de referência:

- Proteinúria: em adultos são considerados normais valores menores que 150 mg/dia, embora dependendo da metodologia utilizada valores abaixo de 300 mg/dia também possam ser considerados normais. Em amostras isoladas, são considerados normais os valores abaixo de 200 mg de proteína por grama de creatinina.
- Microalbuminúria: em adultos são considerados normais valores abaixo de 30 mg/dia. Uma excreção urinária entre 30 e 300 mg/dia é caracterizada como microalbuminúria. Para amostras isoladas, valores abaixo de 30 mg de albumina por grama de creatinina são consideradas normais, e valores entre 30 e 300 mg por grama de creatinina definem microalbuminúria.

Cistatina C

A cistatina C é uma proteína com peso molecular de 13 kDa, pertencente a uma família de inibidores de proteases e presente nas células nucleadas. A cistatina C é livremente filtrada nos glomérulos renais, secretada pelos túbulos, reabsorvida e metabolizada pelas células tubulares. Assim, a determinação da concentração plasmática da cistatina C é considerada um bom marcador para avaliação da filtração glomerular.

Valor de referência:

- Até 50 anos:
  - Homens: 0,60 a 1,22 mg/L.
  - Mulheres: 0,57 a 1,07 mg/L.
- Acima de 50 anos:
  - Homens: 0,72 a 1,53 mg/L.
  - Mulheres: 0,64 a 1,38 mg/L.

Proteínas de baixo peso molecular na urina

Referem-se às proteínas com peso molecular abaixo de 40 dDa. Essas proteínas são filtradas pelo glomérulo e reabsorvidas pelos túbulos renais. A determinação dessas proteínas na urina é útil na avaliação das lesões tubulares. Destacam-se a beta-2-microglobulina e a proteína transportadora de retinol (RBP)[4].

- Beta-2-microglobulina: proteína presente na superfície de todas as células nucleadas, principalmente nos linfócitos, e faz parte do complexo HLA.
  - Valor de referência:
    - Urina: até 0,25 mg/L.
- Proteína transportadora de retinol (RBP): proteína responsável pelo transporte de vitamina A no sangue.
  - Valor de referência:
    - Urina: até 0,4 mg/L.

Exame de urina de rotina

Análise física

- Aspecto: a urina normal apresenta um aspecto claro e transparente. Urinas mais escuras podem ser decorrentes de maior concentração e as mais claras nas amostras diluídas. O aumento da turvação pode ser decorrente do aumento de elementos presentes no sedimento urinário.

- Cor: geralmente variando do amarelo ao âmbar e resulta da presença do pigmento urocromo.

Análise química

A análise química é realizada com o uso das tiras reagentes pelo método de química seca, através da leitura de forma direta pelo analista ou por sistema automatizado. As reações químicas nas tiras reagentes podem sofrer interferências por substâncias presentes na urina, com obtenção de resultado falso-positivo ou falso-negativo. A repetição do exame de urina, ou a dosagem por método específico do elemento detectado, está indicada para confirmar o achado, particularmente quando não se estabelece uma correlação desse achado com os dados clínicos.

Valores de referência:

- pH: 5,0 a 8,0.
- Densidade: 1,010 a 1,030.
- Proteínas: inferior a 0,1 g/L.
- Glicose: negativo.
- Corpos cetônicos: negativo.
- Bilirrubina: negativa.
- Urobilinogênio: inferior a 1,0 mg/dL.
- Nitrito: negativo.

Sedimentoscopia

O exame microscópico do sedimento urinário visa identificar e quantificar os elementos figurados presentes na urina, sendo útil na avaliação das doenças do trato urogenital.

- Células epiteliais: esses elementos celulares geralmente são citados nos laudos dos exames de urina sem uma definição exata de sua origem. Os tipos presentes são: células epiteliais escamosas, células epiteliais transicionais e células epiteliais tubulares renais. As células epiteliais escamosas originam-se da uretra e da vagina, e podem ser encontradas em maior número nas amostras de urina do sexo feminino. As células epiteliais transicionais provêm do uroepitélio. As células epiteliais tubulares renais, quando presentes na urina, podem ter significado clínico, pois esses elementos podem estar relacionados com as várias doenças que acometem o parênquima renal.
- Leucócitos: o aumento no número de leucócitos na urina é denominado piúria ou leucocitúria. Uma leucocitúria na ausência de bacteriúria não é um parâmetro seguro para caracterização de uma infecção urinária. Os leucócitos são encontrados em todos os tipos de inflamação. A presença de um corpo estranho na via urinária, como um cálculo, por exemplo, pode ser responsável por um aumento no número de leucócitos. A leucocitúria é também dependente do fluxo e do pH urinário. Em mulheres, os leucócitos também podem ter origem vaginal.

Valor de referência por método automatizado e análise digital do sedimento urinário:

- Homens: até 20.000 leucócitos por mL.
- Mulheres: até 30.000 leucócitos por mL.

Hemácias: a presença de um número aumentado de hemácias na urina é denominado de hematúria. A hematúria pode ser decorrente de processos inflamatórios, infecciosos ou traumáticos do parênquima renal ou das vias urinárias. As principais causas de hematúria são cálculos renais, glomerulonefrites, tumores, trauma, pielonefrite e exposição a produtos químicos tóxicos. Do ponto de vista morfológico, as hematúrias de origem glomerular podem ser identificadas pelo aspecto dismórfico das hemácias, enquanto aquelas oriundas de níveis mais distais não apresentam essa característica. Hemácias dismórficas podem ser observadas nas doenças glomerulares, como por exemplos nas gromerulonefrites, na nefropatia por IgA, na nefroesclerose, entre outras.

Valor de referência por método automatizado e análise digital do sedimento urinário:

- Homens: até 10.000 eritrócitos por mL.
- Mulheres: até 12.000 eritrócitos por mL.

Cilindros: os cilindros urinários são oriundos da coagulação de proteínas no interior dos túbulos renais, tendo como suporte a proteína de Tamm-Horsfall. O cilindro hialino é composto por proteína precipitada e coagulada. O cilindro granuloso forma-se pela precipitação de proteínas tubulares com outras provenientes do soro, como as imunoglobulinas, podendo também conter restos celulares. O cilindro epitelial resulta da proteína precipitada com as células do epitélio tubular renal, podendo ser encontrado na necrose tubular aguda e tubulopatias agudas. O cilindro hemático forma-se pela associação de proteínas precipitadas com hemácias. Os cilindros leucocitários podem ser vistos nos processos inflamatórios e/ou infecciosos das vias urinárias. Os cilindros gordurosos podem ser encontrados na síndrome nefrótica.

Cristais: os cristais podem ser observados no sedimento urinário de indivíduos normais, bem como naqueles com tendência a formação de cálculos urinários. Muitos desses cristais se precipitam no interior do recipiente, após a coleta. Esse processo resulta da menor temperatura do ambiente em que a amostra fica exposta, em relação ao organismo, bem como da variação do pH e, portanto, são desprovidos de significado clínico. A composição da dieta do indivíduo ou situações metabólicas particulares, não patológicas, também pode induzir o aparecimento de cristais na urina. No entanto, alguns cristais sugerem a presença de distúrbios físico-químicos e são relevantes do ponto de vista de um diagnóstico específico, como: cristais de cistina, fosfato amoníaco magnesiano, tirosina e leucina.

PROVAS BIOQUÍMICAS PARA O ACOMPANHAMENTO DA ICC NO IDOSO

Aldolase

A aldolase é uma enzima presente nas células musculares esqueléticas, sendo também encontrada no coração, fígado, cérebro, pulmões rins, intestino delgado eritrócitos e plaquetas. A medida da aldolase sérica é útil no diagnóstico e acompanhamento das doenças do músculo esquelético. Elevações da atividade da aldolase também podem ocorrer no infarto agudo do miocárdio, hepatopatias, pancreatites e neoplasias. A prática de exercício físico pode elevar o nível de aldolase sérico.

- Método: enzimático ultravioleta.

Valor de referência: até 7,6 U/L.

Mioglobina

A mioglobina é uma proteína presente no músculo esquelético e cardíaco. Não é possível distinguir a molécula originária do músculo esquelético do cardíaco. No infarto agudo do miocárdio apresenta aparecimento precoce no sangue num intervalo entre 1 e 2 horas após início do quadro agudo. Assim, a mioglobina possui um elevado valor preditivo negativo no diagnóstico do infarto agudo do miocárdio[5].

- Método: imunoensaio.

Valores de referência:

- Feminino: inferior a 58 ŋg/mL.
- Masculino: inferior a 72 ŋg/mL.

Creatinoquinase (CK)

A medida da atividade sérica da creatinoquinase (CK) é utilizada como um teste diagnóstico no rastreamento das doenças musculares. Trata-se de uma enzima predominantemente muscular, sendo rapidamente liberada após lesão das células musculares. Apesar da sua utilidade no estudo das doenças que acometem o tecido muscular, dúvidas podem surgir quando níveis elevados são encontrados em pacientes assintomáticos ou com sintomas inespecíficos. Nem sempre uma miopatia ou uma doença cardíaca são as causas de elevação da CK. Situações não patológicas e transitórias, como no pós-exercício, também podem resultar numa elevação da CK[6,7].

A CK se apresenta como um dímero composto por qualquer combinação entre dois monômeros M ou B. As combinações resultam nas isoenzimas BB, MB e MM. A CK dos músculos esqueléticos é quase exclusivamente da fração MM (97-99%), sendo o restante composto pela fração MB. A CK presente no miocárdio é basicamente formada pela fração MM (75-80%), porém com maiores quantidades da fração MB (15-20%). A CK cerebral é composta exclusivamente pela fração BB. No soro normal, a CK total é representada principalmente pela fração MM (Quadro 1).

Quadro 1 Isoenzimas de CK e localização

Isoenzima de CK	Localização
CK-MM	Predominante no músculo esquelético
CK-MB	Predominante no músculo cardíaco
CK-BB	Encontrada basicamente no cérebro, em geral ausente nos indivíduos normais

- Método: cinético ultravioleta

Valores de referência:

- Feminino: 26 a 140 U/L.
- Masculino: 38 a 174 U/L.

Macro-CK

A atividade da CK detectada no soro é devida, na grande totalidade, a CK-MM, restando uma pequena fração, cerca de 4% para a CK-MB. A fração CK-BB é encontrada no cérebro e está praticamente ausente no sangue de indivíduos normais.

Além das três isoenzimas típicas da CK, são descritas duas outras isoenzimas macromoleculares que, em geral, não são encontradas no sangue, denominadas macro-CK tipos 1 e 2. A macro-CK do tipo 1 é um complexo formado pela CK-BB ou CK-MM que se liga a uma imunoglobulina G ou A e não está relacionada a uma patologia específica. Trata-se de uma variação da normalidade. Já a macro-CK do tipo 2 é um complexo oligomérico de origem mitocondrial com algum grau de associação com neoplasias.

Os indivíduos portadores dessas isoenzimas macromoleculares na circulação apresentam níveis cronicamente elevados de CK, sem uma causa que a justifique. Nessa situação, os outros parâmetros laboratoriais correlacionados, tais como aldolase, desidrogenase láctica e mioglobina encontram-se dentro do intervalo de referência[8,9]. Métodos laboratoriais para pesquisa de macro-CK são disponíveis e devem ser solicitados quando houver suspeita da presença dessas macromoléculas.

- Métodos: a pesquisa de macro CK pode ser realizada por dois métodos distintos.
    - Dosagem inicial da CK por método enzimático. Caso a atividade seja maior que 200 U/L, realiza-se a separação das frações da CK por cromatografia de permeação com dosagens de CK dos eluatos.
    - Isoenzimas de CK por eletroforese.
- Valor de referência: pesquisa negativa para macro CK.

CK-MB massa

Denomina-se CK-MB massa, pois o método permite a quantificação direta da enzima, em vez da medida da atividade dessa enzima. A enzima é particularmente útil no diagnóstico do infarto agudo do miocárdio. A elevação ocorre em um período de 6 a 8 horas após início dos sintomas, atingindo o pico em 24 horas e normalizando-se após 72 horas. Não sofre influência da macro-CK. Atualmente, a dosagem das troponinas cardíacas é o exame de eleição no diagnóstico e acompanhamento do infarto agudo do miocárdio.

- Método: eletroquimioluminescência.
- Valor de referência: inferior a 5,0 ŋg/mL.

Troponinas T e I

As troponinas são proteínas envolvidas no processo de contração muscular. Atualmente, as formas cardíacas das troponinas T ou I (cTnT ou cTNI) são consideradas marcadores bioquímicos padrão no diagnóstico do infarto agudo do miocárdio por serem tecido-específicas. Apresentam elevação no sangue 3 a 8 horas após início dos sintomas e atingem o pico de elevação em 24 horas.

Atualmente, métodos de alta sensibilidade para dosagem da troponina estão disponíveis no laboratório clínico. A vantagem, em relação à metodologia não ultrassensível, está no aumento significativo da sensibilidade diagnóstica numa fase muito precoce da lesão miocárdica, situação esta que não era factível pelos métodos convencionais[6]. Para fins comparativos, o método ultrassensível para dosagem de troponina T, atualmente disponível no Fleury, é capaz de detectar níveis extremamente baixos de troponina T de 0,003 ŋg/mL, enquanto o método convencional alcançava um limite de detecção ao redor de 0,01 ŋg/mL. Na suspeita de infarto agudo de miocárdio (IAM), um resultado normal da troponina T ultrassensível é altamente sugestivo de ausência de IAM (valor preditivo negativo de 99%). Nessas mesmas condições, o valor preditivo positivo do teste é de apenas 50%[10].

- Troponina I
  - Método: eletroquimioluminescência.
  - Valor de referência: até 0,16 ŋg/mL.
- Troponina T ultrassensível
  - Método: eletroquimioluminescência.
  - Valor de referência: inferior a 0,014 ŋg/mL.

Peptídeos natriuréticos

Os peptídeos natriuréticos são neuro-hormônios que exercem importante papel na homeostase cardiovascular. Os peptídeos natriuréticos atualmente conhecidos são em número de três: o tipo A ou ANP, liberado pelos átrios, o peptídeo natriurético cerebral ou tipo B, também conhecido como BNP oriundo do termo em inglês *brain natriuretic peptide*, e o peptídeo natriurético tipo C ou CNP, liberado pelas células endoteliais[11,12].

Dos peptídeos natriuréticos, o BNP é o mais comumente utilizado na prática clínica. Foi originalmente isolado em cérebro de macacos, e em humanos é liberado, sobretudo pelos ventrículos cardíacos, em resposta a uma sobrecarga de pressão ou volume. Promovem diurese, natriurese, vasodilatação periférica, inibição do sistema renina-angiotensina e inibição da atividade simpática, estando aumentados em pacientes com insuficiência cardíaca congestiva. O estiramento da musculatura cardíaca constitui-se no principal estímulo para a secreção do BNP.

A síntese ocorre em nível de cardiomiócito, a partir de uma molécula maior denominada preproBNP. A clivagem enzimática do preproBNP produz a forma ativa denominada BNP e o fragmento inativo proBNP, também denominado NT-proBNP ou fragmento N-terminal do peptídeo natriurético tipo B. A dosagem tanto do BNP como do proBNP permite avaliar a gravidade da falência cardíaca, e ambos são de grande utilidade no manejo do paciente portador de insuficiência cardíaca.

O processo de inativação do BNP se dá principalmente por meio da degradação pelas endopeptidases e uma menor parcela pela filtração glomerular. Apresenta meia-vida curta, de 15 a 20 minutos, indicando tratar-se de um parâmetro de extrema utilidade nas situações em que há necessidade de uma avaliação imediata nas mudanças na ativação do sistema de neuro-hormônios e no estado hemodinâmico, particularmente em relação à sobrecarga ventricular. Quando os níveis de BNP não sofrem redução após as medidas terapêuticas, o fato, *per si*, indica mau prognóstico. Estudos têm demonstrado que os níveis de BNP também apresentam relação direta com o prognóstico das síndromes coronarianas agudas.

O proBNP tem processo de depuração mais lento. Apresenta concentração naturalmente mais elevada na circulação, sendo mais estável e com menor variabilidade biológica que o BNP[8]. É retirado do organismo mais pronunciadamente através da filtração glomerular, com uma meia-vida estimada ao redor de 60 minutos. É importante ressaltar que o grau de disfunção renal interfere na concentração plasmática de ambos.

O BNP é útil na exclusão de um diagnóstico de insuficiência cardíaca, em especial nas situações em que os sintomas e sinais forem muito discretos ou quando ocorrerem outras condições clínicas associadas, como uma doença pulmonar ou obesidade, pois em todas essas situações a dispneia pode estar presente, dificultando a definição da etiologia desse sintoma.

O limite superior do valor de referência, habitualmente recomendado para discriminar uma população normal daquela com insuficiência cardíaca, é de 100 pg/mL. Níveis de BNP abaixo de 100 pg/mL praticamente afastam a insuficiência cardíaca. Já valores acima de 400 pg/mL estão bastante associados com as manifestações clínicas decorrentes da insuficiência cardíaca. Para valores entre 100 e 400 pg/mL, dados clínicos e de exame físico associados a outros métodos diagnósticos serão necessários para definição do diagnóstico. É importante ressaltar que os níveis de BNP em indivíduos normais se elevam com a idade, e as mulheres normais apresentam níveis de BNP mais elevados do que homens normais na mesma faixa etária.

- BNP
- Método: imunoensaio por fluorescência.
- Valor de referência: até 100 pg/mL.
- ProBNP
- Método: eletroquimioluminescência.
- Valor de referência: Até 125 pg/mL.

REFERÊNCIAS BIBLIOGRÁFICAS

Provas bioquímicas para a avaliação da função renal no idoso

1. Andriolo A, Bismarck ZF. Rins e vias urinárias. In: Andriolo A. Guias de medicina ambulatorial e hospitalar – Unifesp/Escola Paulista de Medicina – Medicina Laboratorial. 2. ed. Barueri: Manole; 2008. p. 243-66.
2. National Institute of Diabetes and Digestive and Kidney Disease. Estimating glomerular filtration rate (GFR). Disponível em: https://www.niddk.nih.gov/health-information/health-communication-programs/nkdep/lab-evaluation/gfr/estimating/Pages/estimating.aspx. Acesso em: 26 mar. 2017.
3. Levey AS, Stevens LA, Schmid CH, Zhang Y, Castro AF, Feldman HI, et al. A new equation to estimate glomerular filtration rate. Ann Intern Med. 2009;150:604-12.
4. Sociedade Brasileira de Patologia Clínica/Medicina Laboratorial. Recomendações da Sociedade Brasileira de Patologia Clínica/Medicina Laboratorial: Realização de exames em urina. Disponível em: http://www.sbpc.org.br/?C=2827. Acesso em: 26 mar. 2017.

Provas bioquímicas para o acompanhamento da ICC no idoso

5. Andriolo A, Cotrim FLS. Infarto agudo do miocárdio. In: Andriolo A. Guias de medicina ambulatorial e hospitalar Unifesp/Escola Paulista de Medicina. Medicina Laboratorial. 2. ed. Barueri: Manole; 2008. p. 57-60.
6. Sumita NM. Como interpretar as elevações de creatinoquinase (CK) associadas à prática de exercício físico. Disponível em: http://www.fleury.com.br/medicos/educacao-medica/artigos/Pages/como-interpretar-as-elevacoes-de-creatinoquinase-associadas-a-pratica-de-exercicio-fisico.aspx?viewType=Print&viewClass=Print. Acesso em: 26 mar. 2017.
7. Sumita NM. Creatinoquinase nas alturas. Disponível em: http://www.fleury.com.br/medicos/educacao-medica/revista-medica/materias/Pages/Creatinoquinase-nas-alturas.aspx. Acesso em: 26 mar. de 2017.

8. Sumita NM. Pesquisa de macro-CK contribui com o diagnóstico diferencial dos níveis elevados da creatinoquinase. Disponível em: http://www.fleury.com.br/medicos/educacao-medica/revista-medica/materias/Pages/pesquisa-de-macro-ck-contribui-com-o-diagnostico-diferencial-dos-niveis-elevados-da-creatinoquinase.aspx. Acesso em: 26 mar. 2017.
9. Camarozano ACA, Henriques LMG. Uma macromolécula capaz de alterar o resultado da CK-MB e induzir ao erro no diagnóstico de infarto agudo do miocárdio. Arq Bras Cardiol. 1996;66(3):143-7.
10. Reichlin T, Hochholzer W, Basseti S, Steuer S, Stelzig C, Hartwiger S, et al. Early diagnosis of myocardial infarction with sensitive cardiac troponin assays. N Eng J Med. 2009;361:858-67.
11. Apple FS, Goetze JP, Jaffe AS. Cardiac function In: Burtis CA, Ashwood ER, Bruns DE. Tietz textbook of clinical chemistry and molecular diagnostics. 5. ed. St. Louis: Elsevier Saunders; 2012. p. 1457-522.
12. Mair J. Biochemistry of B-type natriuretic peptide – where are we now? Clin Chem Lab Med. 2008;46:1507-14.

CAPÍTULO 3

O papel de testes genéticos no idoso

Alexandre da Costa Pereira
Paulo Caleb Júnior de Lima Santos
Viviane Zorzanelli Rocha

RESUMO

A utilização de testes genéticos para suporte diagnóstico e prognóstico tem crescido sobremaneira nos últimos anos. De fato, testes genéticos são rotineiramente solicitados para uma série de condições associadas a saúde e doença e para uma grande gama de patologias. No entanto, é raro se pensar no uso dessas ferramentas para o idoso, visto que a utilização de testes genéticos é muitas vezes associada a doenças de início precoce ou congênitas. Aqui se discute brevemente o uso de testes genéticos para o idoso e as diferentes dimensões que devem ser consideradas na solicitação e interpretação de resultados nessa população específica.

INTRODUÇÃO

É fato que a comunidade médica, impressionada com os resultados obtidos em estudos recentes, tem optado por adotar cada vez mais testes de diagnóstico e de suscetibilidade genética como ferramentas de uso corrente na prática médica.

O impacto preditivo dos testes genéticos em saúde cardiovascular está estimado em milhões de dólares para as próximas décadas, mas o ganho em acurácia diagnóstica deve ocorrer concomitantemente a uma série de medidas multidisciplinares no sentido de otimizar o benefício advindo da realização desse teste. Por exemplo: indivíduos com diagnóstico genético de hipercolesterolemia familiar já podem ter intervenção precoce medicamentosa, diminuindo o desenvolvimento das comorbidades cardíacas associadas a essa condição. Qual seria então a importância desse tipo de informação em um indivíduo para o qual, no cenário de uma doença crônica, as maiores chances de intervenção precoce já não são mais disponíveis simplesmente por se tratar de um indivíduo idoso?

De fato, não faz parte do algoritmo médico a utilização de informação genética para indivíduos mais idosos. E é justamente nessa faixa etária que testes genéticos podem ser decisivos para um melhor manejo. É interessante que, nos últimos anos, o maior avanço em termos de crescimento percentual na solicitação de testes genéticos foi observado na utilização de testes para o diagnóstico de câncer, que hoje em dia já ultrapassam os testes pré-natais, e são sobretudo destinados a uma população mais idosa. Nesse contexto, a performance de um teste molecular deve ser discutida e interpretada como função de sua disponibilidade, relevância e dos próprios desejos do paciente e da comunidade em que vive. A complexidade médica e psicológica varia de acordo com a situação (diagnóstico pré-sintomático, diagnóstico pré-natal, teste diagnóstico ou teste prognóstico) e a doença em questão. No caso do paciente idoso, essas considerações tornam-se ainda mais relevantes e especificidades na utilização desse resultado devem ser consideradas.

Em cardiologia, a utilização de testes genéticos para auxílio no manejo clínico de uma série de condições e de uso corrente e especificidades devem ser consideradas quando estamos diante de um paciente idoso. A seguir vamos discutir brevemente esse cenário em três condições clínicas para as quais o uso de testes genéticos está disponível e acrescenta informação útil ao manejo clínico. São elas: a hipercolesterolemia familiar, a miocardiopatia hipertrófica e testes farmacogenéticos.

HIPERCOLESTEROLEMIA FAMILIAR

Em alguns casos, a concentração elevada de colesterol no plasma sanguíneo é causada por uma mutação genética herdada, sendo denominada hipercolesterolemia familiar (HF). A HF é uma doença caracterizada clinicamente por elevados níveis de LDL-colesterol na corrente sanguínea, podendo ocorrer deposição do colesterol LDL nos tendões (xantomas de tendão), nas pálpebras (xantelasmas) e artérias (aterosclerose), sendo um fator de risco para doença arterial coronária (DAC).

A HF consiste em uma patologia genética, autossômica dominante, caracterizada sobretudo por mutações no gene do receptor do LDL (LDLR); entretanto, mutações menos frequentes no gene da apolipoproteína B (APOB) e mutações que aumentam a função no gene da pró-proteína convertase subtilisina/kexina tipo 9 (PCSK9) também estão relacionadas com a HF.

As mutações que ocorrem no gene LDLR são mais comuns, causando redução no número ou alterando a função dos receptores na superfície dos hepatócitos, e assim prejudicando o catabolismo do LDL-C, e elevando seus níveis no plasma sanguíneo. Essa alteração pode ser expressa na forma heterozigota, em que o indivíduo apresenta um alelo normal e um alelo mutado produzindo metade da quantidade normal do LDLR, ou na forma homozigota, mais grave, em que o indivíduo apresenta dois alelos mutantes no *locus* do receptor. Ambas as formas apresentam, em graus diferentes, deficiência na remoção do colesterol da corrente sanguínea, com consequente aumento no nível plasmático de partículas de LDL-C desde o nascimento.

A HF pode afetar com a mesma probabilidade ambos os sexos por ser autossômica dominante. A forma heterozigota costuma ocorrer com uma frequência de 1 em 500 indivíduos. A forma homozigota, que é considerada mais grave, apresenta uma frequência de 1 em 1 milhão de indivíduos. O diagnóstico clínico da doença é sugerido pela presença de níveis elevados de colesterol total e LDL-colesterol e concentrações normais de triglicérides e HDL-colesterol (embora estes possam também estar alterados), além da presença de história familiar de DAC (sobretudo se em idade precoce e em parentes de primeiro-grau) ou de hipercolesterolemia.

Inicialmente, um diagnóstico de HF pode ser realizado com base no histórico familiar, presença de sinais clínicos (i. e., xantomas de tendão, arco corneano) e níveis alterados de LDL-C na corrente sanguínea. Contudo, o diagnóstico clínico nem sempre se caracteriza como possível HF. Mesmo quando vários critérios diagnósticos estão presentes, o diagnóstico costuma ser tardio, levando, em média, cerca de 10 anos entre a detecção inicial de hipercolesterolemia e a suspeita diagnóstica de HF. De fato, a HF é uma doença subdiagnosticada em todo mundo. Atualmente apenas 22 países realizam diagnóstico clínico e genético da HF, e a maioria deles detecta apenas 1% da população com a doença. Esse cenário faz com que a grande maioria dos casos diagnosticados da doença seja já em pacientes idosos e com doença cardiovascular avançada já instalada. Enquanto as maiores chances de prevenção nesses pacientes já não existem mais, o tratamento intensivo deles com hipolipemiantes foi significativamente associado a uma menor mortalidade. Além disso, pacientes com HF, em qualquer faixa etária, constituem chance única para a detecção precoce de outros casos em suas famílias, por meio do rastreamento em cascata de familiares em primeiro grau, uma vez que os parentes de primeiro grau (i. e., pai, mãe ou irmão) têm 50% de chance de apresentar mutação.

O rastreamento em cascata dos familiares do caso índice é considerado o método de melhor custo-benefício para diagnóstico e tratamento da HF e prevenção de DAC precoce.

No Brasil, existe programa de rastreamento genético (Hipercol Brasil) que oferece rastreamento em cascata familiar pelo Sistema Único de Saúde (SUS) e que pode ser acessado pelo site: www.hipercolesterolemia.com.br. Cerca de 30% dos casos índices rastreados pelo programa têm idade acima de 60 anos. Segundo as diretrizes brasileiras para hipercolesterolemia familiar, a chance de um diagnóstico de HF é diretamente proporcional ao valor do LDL-colesterol e, apesar de não existir um ponto de corte predefinido pela Sociedade Brasileira de Cardiologia, valores acima de 190 mg/dL devem ser analisados com maior cuidado e suspeição pelo clínico responsável.

Outro ponto que se faz relevante na discussão do diagnóstico de HF no idoso é que é justamente nessa faixa etária que valores extremos de colesterol total ou LDL-colesterol podem ser causados por outras alterações no sistema de homeostase lipídica ou por outras comorbidades que não a HF, e assim o teste molecular passa a ter uma importância ainda maior no diagnóstico diferencial dessa condição.

CARDIOMIOPATIA HIPERTRÓFICA FAMILIAR

A cardiomiopatia hipertrófica (CH) é uma doença cardíaca primária, caracterizada por hipertrofia do ventrículo esquerdo (VE), sem dilatação, em geral assimétrica e predominantemente septal, na ausência de qualquer outra doença cardíaca ou sistêmica que possa causar a hipertrofia. Na CH, a hipertrofia do VE cursa habitualmente com função sistólica normal e com função diastólica alterada, o que leva ao sintoma mais frequente, que é a dispneia aos esforços físicos. Entretanto, outros sintomas como angina, palpitações, pré-síncope e síncope são relatados. Além da hipertrofia das fibras miocárdicas, ocorre um desarranjo histológico dessas fibras e graus variáveis de fibrose intersticial e perivascular, contribuindo para o desenvolvimento de insuficiência cardíaca, isquemia miocárdica, arritmias ventriculares e morte súbita. É comumente uma doença familiar caracterizada por uma grande heterogeneidade quanto a sua apresentação clínica e suas alterações funcionais e morfológicas. Essa heterogeneidade pode ser exemplificada pelo fato de a doença se manifestar em todas as idades (desde recém-nascidos até pessoas idosas) e pela sua progressão, caracterizada por grande variabilidade. Enquanto alguns indivíduos afetados se mantêm assintomáticos durante toda a vida, muitos têm marcante progressão para falência cardíaca, e destes, um grupo tem caracteristicamente morte súbita devida a arritmias antes não sintomáticas e outro progride invariavelmente para quadros de insuficiência cardíaca congestiva.

Na população geral, a julgar por levantamentos populacionais, a prevalência estimada da CH é de 0,2% (1:500), correspondendo a 0,5% de todas as cardiopatias. Chama atenção a dificuldade diagnóstica da CH no idoso, uma vez que diversas são as causas de hipertrofia miocárdica nesse grupo etário específico. Elas vão desde hipertensão, que é altamente prevalente nessa faixa etária, até doenças de depósito. Sabe-se também que uma parcela não desprezível dos casos de CH apresentará hipertrofia miocárdica em fase mais avançada da vida, uma vez que a penetrância de várias mutações causadoras da doença é dependente da idade.

Tipicamente, a CH é causada por uma mutação em um gene codificador de elementos do sarcômero. Entretanto, novos estudos têm expandido o escopo de proteínas envolvidas na patogênese da CH. Atualmente já foram descobertos 19 genes associados à CH e o espectro abrange, além dos miofilamentos do sarcômero, subgrupos adicionais que podem ser classificados como CH relacionadas a genes do disco Z e do transporte de cálcio.

Existe um espectro bastante amplo na presença e no grau da hipertrofia, assim como dos sintomas e sinais para a determinação do diagnóstico. Assim, muitas vezes o mesmo só poderá ser estabelecido com a identificação do defeito molecular. Como já discutido, esse geralmente é o caso em pacientes com apresentação da doença (ou identificação) numa idade mais avançada. Nas situações em que o diagnóstico clínico é uma certeza, o estabelecimento do defeito molecular por meio de análises do DNA constitui-se apenas em confirmação diagnóstica, mas pode contribuir para aumentar a certeza diagnóstica em casos incertos, como em hipertrofia miocárdica identificada em atletas ou pacientes hipertensos suspeitos de também apresentarem CH. Em outras situações, análises moleculares podem ajudar os clínicos a melhor estratificar os riscos de morte súbita em pacientes com CH.

Um exemplo dessa situação ocorre na CH relacionada com mutações no gene da proteína C de ligação da miosina (MYBPC3). Mutações nesse gene foram associadas com um desenvolvimento da doença mais tardio, menor hipertrofia, menor penetrância e melhor prognóstico, quando comparados a mutações no gene MYH7. Esses dados sugerem que mutações no gene MYBPC3 podem ser o substrato genético predominante para CH em pacientes mais velhos, em que a história natural costuma ser favorável. Entretanto, foi sugerido que pacientes com proteínas truncadas manifestam a CH mais cedo e requerem uma terapia mais invasiva do que aqueles que apresentam mutações de sentido trocado ou outras que não alterem o quadro de leitura. A grande variabilidade intrafamiliar é mais regra do que exceção e diversas famílias em que o probando é um idoso podem ter casos de morte súbita em familiares mais jovens também portadores da mesma alteração genética. Essa difícil situação clínica ressalta novamente a importância da identificação por meio de teste genético da variante causadora da doença e posterior uso dessa informação para o rastreamento de todos os membros da família.

TESTES FARMACOGENÉTICOS EM CARDIOLOGIA

A farmacogenômica é um campo da farmacologia que identifica o efeito da variação genética sobre a farmacocinética ou a farmacodinâmica do fármaco. O objetivo da medicina personalizada com a farmacogenômica consiste na combinação da informação genética com outros fatores individuais para adequar as estratégias preventivas e terapêuticas, a fim de melhorar a eficácia medicamentosa e diminuir a frequência dos efeitos adversos. Desse modo, pode-se melhorar significativamente a sobrevida do paciente e diminuir as frequências de eventos e de hospitalização. Talvez aspectos farmacogenéticos sejam aqueles que mais trazem intersecção com uma população idosa, pois é justamente essa parcela da população que usa com mais frequência medicações para doenças crônicas e também a que mais chance tem de apresentar um efeito colateral a essas drogas.

Na página *on-line* da agência norte-americana Food and Drug Administration (FDA), na seção "Science and Research (Drugs)", há indicações de que bulas de medicamentos devem conter informações sobre os respectivos biomarcadores genéticos. Essas informações na bula podem também descrever a alteração associada à variabilidade da resposta clínica, ao risco de eventos adversos e a dosagens genótipo-específicas. A lista de medicamentos utilizados em cardiologia e para os quais existem informações farmacogenéticas que, eventualmente, podem ser relevantes para o manejo clínico do paciente idoso é vasta: carvedilol, metoprolol, propranolol, clopidogrel, prasugrel, ticagrelor, hidralazina e varfarina (todos contêm informações farmacogenéticas em suas bulas).

A utilização clínica dessa informação ainda é controversa e não totalmente aceita pela comunidade médica no presente momento. No entanto, é importante ressaltar que aqui novamente o papel dessa informação numa população mais suscetível a grandes variações farmacocinéticas ou dinâmicas e também maior risco de efeitos colaterais pode ser mais relevante do que em uma população mais jovem.

Dos fármacos citados, agentes anticoagulantes são os mais estudados e potencialmente com maior implicação no manejo do paciente idoso.

A anticoagulação com a varfarina é uma modalidade terapêutica importante para pacientes considerados de risco para doença tromboembólica. Preponderantemente esse fármaco é utilizado em pacientes idosos, para os quais já se sabe existir grande variabilidade interindividual de metabolização e também de chances para efeitos colaterais como sangramentos. Historicamente, a varfarina é conhecida pela sua faixa terapêutica estreita e com difícil ajuste de dose-resposta. Pesquisas recentes revelam que cerca de 20% dos indivíduos com ancestralidade europeia são portadores de pelo menos um alelo variante dos dois polimorfismos mais frequentes na enzima CYP2C9, que causa sensibilidade ao fármaco. Essa enzima do CYP450 é metabolizadora de fase I, que inativa o fármaco no fígado.

O genótipo selvagem (chamado também de referência ou normal) é identificado como alelo CYP2C9*1. Além dele, a enzima pode evidenciar dois alelos variantes relativamente comuns, CYP2C9*2 e CYP2C9*3, com a alteração de propriedades catalíticas, acarretando diminuição da funcionalidade enzimática. A variante CYP2C9*2 é caracterizada pela substituição Arg144Cys, em razão do polimorfismo c.C416T no éxon 3 do gene CYP2C9; e a variante CYP2C9*3 pela substituição Ileu359Leu, em consequência do polimorfismo c.A1061T no éxon 7. Alelos variantes são mais comuns entre os pacientes que requerem baixas doses de varfarina comparados àqueles que requerem doses usuais. Além disso, os portadores dos alelos polimórficos podem manifestar maior frequência de sangramento e de elevação no valor de INR no início do tratamento.

A enzima vitamina K epóxido redutase (VKORC1) é um cofator essencial na formação dos fatores II, VII, IX e X ativados pela carboxilação. Polimorfismos no gene VKORC1 (especialmente o c.G1639A, rs9923231) podem resultar em maior resposta indicada pelo INR, exigindo menores doses. Desse modo, indica-se que os genótipos para CYP2C9 e para VKORC1 são úteis na estimativa da dose inicial da varfarina e a genotipagem pode se tornar mais comum na avaliação inicial dos pacientes usuários de varfarina. Em 2007, a agência regulamentadora de fármacos dos Estados Unidos (FDA) indicou que doses iniciais menores devem ser consideradas em pacientes portadores de variantes alélicas e essas informações devem ser introduzidas no produto. Também, a FDA elaborou uma tabela a fim de, caso os genótipos estejam disponíveis, sugerir a dose inicial de varfarina. Existem, ainda, algoritmos publicados da utilização dessa informação para a população brasileira, levando-se em consideração os resultados do teste genético, assim como a idade e outras comorbidades existentes.

REFERÊNCIAS BIBLIOGRÁFICAS

1. Santos RD, Gagliardi AC, Xavier HT, Casella Filho A, Araújo DB, Cesena FY, et al.; Sociedade Brasileira de Cardiologia. First Brazilian Guidelines for Familial Hypercholesterolemia. Arq Bras Cardiol. 2012;99(2 Suppl2):1-28.
2. Marsiglia JD, Credidio FL, de Oliveira TG, Reis RF, Antunes M de O, de Araujo AQ, et al. Screening of MYH7, MYBPC3, and TNNT2 genes in Brazilian patients with hypertrophic cardiomyopathy. Am Heart J. 2013;166(4):775-82.
3. Santos PC, Marcatto LR, Duarte NE, Gadi Soares RA, Cassaro Strunz CM, Scanavacca M, et al. Development of a pharmacogenetic-based warfarin dosing algorithm and its performance in Brazilian patients: highlighting the importance of population-specific calibration. Pharmacogenomics. 2015;16(8):865-76.

CAPÍTULO 4

Função ventricular esquerda: parâmetros normais e peculiaridades da disfunção no idoso

João Manoel Rossi Neto
Ronald Brewer Pereira Freire
Renato Scotti Bagnatori
Aram Hamparsum Mordjikian

A Organização Mundial da Saúde (OMS) define o idoso a partir da idade cronológica, portanto, idosa é aquela pessoa com 60 anos ou mais, em países em desenvolvimento e com 65 anos ou mais em países desenvolvidos. Os geriatras subclassificam a população mais velha em três faixas etárias: idosos jovens (60 a 74 anos), medianamente idosos (75 a 85 anos) e muito idosos (com mais de 85 anos de idade). Algumas diretrizes de sociedades especializadas abordam as diferenças nas respostas entre os pacientes com mais de 60 anos, entre 65 e 74 anos, entre 75 e 84 anos de idade e separadamente aqueles com mais de 85 anos. Os clínicos costumam separar pacientes idosos em dois subgrupos – aqueles de 60 a 80 anos e com mais de 80 anos, para destacar a fragilidade, a capacidade reduzida (física e mental) e a presença de múltiplos transtornos que são mais comuns após os 80 anos.

ALTERAÇÕES ASSOCIADAS À IDADE NA ESTRUTURA CARDÍACA

O envelhecimento cardíaco é caracterizado pela presença de hipertrofia, fibrose e acúmulo de proteínas anormais e mitocôndrias disfuncionais. Os marcadores do envelhecimento cardiovascular estão no Quadro 1 e as alterações multifatoriais no coração idoso na Figura 1.

Quadro 1 Marcadores de envelhecimento cardiovascular

Aumento	Redução
■ Progressivo da pressão arterial sistólica ■ Pressão de pulso ■ Velocidade da onda de pulso ■ Massa do ventrículo esquerdo (VE) ■ Incidência de doença arterial coronária e fibrilação atrial	■ Taxa de enchimento diastólico precoce do ventrículo esquerdo ■ FC máxima ■ Débito cardíaco máximo ■ Capacidade aeróbica ou consumo de O_2 máximos ■ Aumento da fração de ejeção induzida pelo exercício ■ Resposta reflexa da frequência cardíaca ■ Variabilidade da frequência cardíaca ■ Vasodilatação em resposta a estímulos beta-adrenérgicos ou compostos vasodilatadores mediados pelo endotélio

ALTERAÇÕES MACROSCÓPICAS ASSOCIADAS AO ENVELHECIMENTO CARDÍACO

Estudos em humanos demonstraram que a deposição epicárdica de tecido adiposo aumenta acentuadamente com a idade. A calcificação de regiões específicas, incluindo os folhetos valvares aórticos, também ocorre em idosos. O remodelamento atrial caracteriza-se por maiores tamanho e volume atriais, embora não ocorra

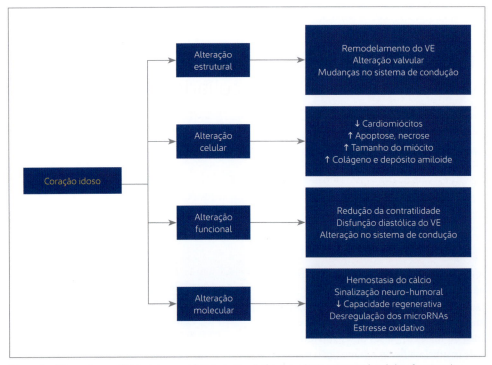

Figura 1 Alterações multifatoriais que afetam o miocárdio nos níveis estrutural, celular, funcional e molecular no coração idoso.

até a oitava década, a menos que uma doença cardiovascular (DCV) subjacente esteja presente. A espessura da parede do ventrículo esquerdo (VE) aumenta em idosos saudáveis, enquanto os volumes sistólico e diastólico do VE diminuem com a idade em ambos os sexos. A massa do VE é afetada pela idade, mas as relações massa/volume do VE aumentam com a idade tanto em homens como em mulheres.

Envelhecimento cardíaco celular

O remodelamento cardíaco dependente da idade também ocorre no nível microscópico. Em seres humanos, o número de células do marca-passo do nó sinoatrial diminui acentuadamente com a idade. Há também alguma evidência de que o número de miócitos ventriculares pode diminuir com a idade e que este pode ser mais proeminente em homens do que nas mulheres. A perda de miócitos pode resultar em apoptose, necrose ou autofagia, embora a capacidade regenerativa limitada das células estaminais (células-tronco) também possa contribuir. A perda celular relacionada à idade pode, em teoria, aumentar a carga mecânica sobre os miócitos sobreviventes e levar a hipertrofia compensatória. A análise morfométrica sugere que o volume dos miócitos ventriculares aumenta com a idade e que este pode ser mais acentuado nos homens do que nas mulheres. Embora o número de cardiomiócitos possa diminuir com a idade, há marcada proliferação de fibroblastos cardíacos, que são as células responsáveis pela produção de colágeno e elastina, além das glicosaminoglicanas e glicoproteínas multiadesivas que farão parte da matriz extracelular. O acúmulo de colágeno leva à fibrose intersticial nos átrios, no nó sinoatrial e nos ventrículos de adultos mais velhos.

Evidências crescentes sugerem que alterações em microRNA (RNA pequenos que regulam a expressão de genes) contribuem para a senescência celular e doenças relacionadas com o envelhecimento através de alteração de processos fisiopatológicos (Quadro 2).

Impacto da idade na função cardíaca

Os aumentos no tecido adiposo epicárdico relacionados à idade estão associados a uma maior prevalência de várias doenças cardiovasculares e são um fator de risco conhecido para a fibrilação atrial, que é comum em adultos mais velhos. A calcificação dos folhetos da valva aórtica compromete o seu movimento, o que pode obstruir o fluxo do VE e promover o desenvolvimento de insuficiência cardíaca (IC), especialmente em homens mais velhos. O sistema de condução do coração muda de forma característica com a idade. O prolongamento do complexo QRS relacionado com a idade, consistente com uma lentificação do sistema de condução, é observado em seres humanos e animais e pode promover arritmias em adultos mais velhos.

Fatores que ligam o envelhecimento à insuficiência cardíaca

- Alterações estruturais: há uma mudança estrutural significativa no coração e na vasculatura como rigidez vascular, aumento da espessura da parede ventricular esquerda (dentro dos limites normais) e fibrose com envelhecimento, levando a disfunção diastólica, aumento da pós-carga e insuficiência cardíaca com fração de ejeção preservada (ICFEP).
- Mudanças funcionais: existem várias mudanças funcionais e respostas compensatórias que o coração envelhecido sofre e que diminuem sua capacidade de responder ao aumento da carga de trabalho e sua reserva como alterações da frequência cardíaca (FC) máxima, do volume sistólico final (VSF), do volume diastólico final (VDF), da contratilidade, da contração sistólica prolongada, do relaxamento diastólico prolongado e da sinalização simpática.
- Processos de cardioproteção e reparo: os mecanismos cardíacos responsáveis pela

Quadro 2   MicroRNA (miRNA) implicados no envelhecimento cardíaco e vascular

miRNA	Alvos	Funções
Envelhecimento cardíaco		
miR-34a	PNUTS	Promove a morte celular e a disfunção cardíaca associadas à idade e ao infarto do miocárdio
miR-22	Mimecan	Aumenta a senescência e atividade dos fibroblastos cardíacos
miR-18/19	CTGF TSP-1	Inibe o remodelamento fibrótico cardíaco
miR-17-3p	PAR-4	Atenua o envelhecimento cardíaco e a senescência celular fibroblástica
Envelhecimento vascular		
miR-34a	SIRT1	Induz a senescência e inflamação endotelial, bem como disfunção arterial
miR-22	AKT3	Induz a senescência e diminui a proliferação e migração das células progenitoras endoteliais
miR-29	Proteína ECM	Induz dilatação aórtica e aneurismas
miR-125a-5p	RTEF-1	Induz disfunções das células endoteliais (regula negativamente os fatores de crescimento angiogênicos)
miR-146a	NOX4	Inibe a senescência das células endoteliais
miR-217	SIRT1	Aumenta a expressão da síntese do óxido nítrico epitelial e promove a senescência e disfunção das células endoteliais

proteção contra lesões e reparos de lesões tornam-se cada vez mais defeituosos com a idade, levando a acentuada remodelação adversa e aumento da disfunção. O coração envelhecido é colocado sob níveis crescentes de estresse em razão de sua reserva funcional diminuída. Além disso, o aumento da idade resulta na maior ocorrência de várias doenças, como diabetes e hipertensão arterial. Enquanto o coração jovem tem um número de sistemas de proteção para lidar com tal insulto, eles diminuem com a idade, resultando em um menor limiar para lesão.

- Aumento da incidência e da prevalência de doenças cardiovasculares: existe um aumento progressivo da prevalência de DCV; como doença arterial coronariana (DAC), hipertensão e diabetes, levando ao desenvolvimento de miocardiopatia isquêmica, hipertensiva ou diabética.
- Doenças sistêmicas/outros órgãos: alterações associadas ao envelhecimento em outros sistemas de órgãos podem afetar a função-estrutura cardíaca e assim contribuir para o desenvolvimento de insuficiência cardíaca.
- Função sistólica cardíaca: apesar de um número de alterações associadas ao envelhecimento que pode limitar a capacidade funcional de uma pessoa e promover o enrijecimento vascular com consequente aumento da pós-carga, a função sistólica global em repouso do músculo cardíaco não muda com o envelhecimento saudável. O advento de tecnologias não invasivas permitiu a avaliação direta da função sistólica global e, contrariamente ao que se poderia esperar intuitivamente, a fração de ejeção do ventrículo esquerdo não diminui com o envelhecimento, particularmente quando a DAC for excluída. Trabalhos mais recentes indicam que o coração humano remodela significativamente com o envelhecimento, enquanto a fração de ejeção do VE permanece em níveis normais. Os mecanismos descritos incluem maior concentricidade do VE (razão entre a massa do VE e o volume diastólico final), relaxamento diminuído com enchimento reduzido, deformação longitudinal prejudicada com o encurtamento circunferencial preservado e maior torque.

O exame da fração de encurtamento do VE pelo ecocardiograma e da fração de ejeção (FE) por radionuclídeo em indivíduos normotensos e em diferentes pessoas idosas e saudáveis confirmou repetidamente a estabilidade da FE cardíaca em repouso (FE média > 65%). Isso não quer dizer que não haja mudança nos componentes da sístole cardíaca. De fato, ocorrem múltiplas alterações na velocidade média de encurtamento e nas interações do coração com a vasculatura. Entretanto, os efeitos combinados dessas mudanças individuais se equilibram e deixam a função sistólica inalterada em repouso.

Função diastólica cardíaca: apesar da manutenção da função sistólica em repouso, há uma série de alterações na fase diastólica do ciclo cardíaco que ocorre com o envelhecimento. O enchimento diastólico normal pode ser dividido em duas fases, passiva (representada pela "onda E" no estudo ecocardiográfico do fluxo transmitral) e ativa (representada pela "onda A" e é produzida pela contração atrial). O coração enche-se lentamente de sangue em indivíduos mais velhos e mais rápido em jovens saudáveis, resultando em menor proporção de enchimento diastólico total, que ocorre durante a fase diastólica passiva precoce, por conta principalmente do aumento do tempo de relaxamento isovolumétrico. Como o volume do enchimento ventricular desloca-se para a diástole mais tardia e há um aumento atrial significativo com o envelhecimento, o átrio contribui com uma maior porção do volume diastólico final total (VDF) e uma diminuição na relação E/A.

Exercício: o exercício normal induz ao aumento do volume sistólico (VS) e da FC para aumentar o débito cardíaco global. Esse aumento da FC também aumenta a taxa de relaxamento isovolumétrico e produz um efeito de "sucção" que ajuda a encher o ventrículo. No entanto, essas respostas estão diminuídas com o envelhecimento resultando na redução do relaxamento e da responsividade β-adrenérgica e alterações no padrão de relaxamento. Surpreendentemente, enquanto a taxa de enchimento diminui e é deslocada para mais tarde na diástole, o volume diastólico final permanece, na verdade, inalterado ou aumenta um pouco com o repouso; e o exercício de baixo nível, em grande parte como resultado da FC mais lenta, permite um maior tempo de enchimento e aumento no VSF. Em conjunto, essas reduções no enchimento diastólico precoce são parcialmente compensadas por alterações na sinalização adrenérgica que diminuem a FC máxima. No entanto, essas compensações não são suficientes para manter a reserva funcional cardíaca quando um sujeito é exposto ao exercício máximo. De fato, um déficit significativo é descoberto na população mais velha quando o consumo de oxigênio (VO$_2$) no exercício máximo é comparado em indivíduos jovens *versus* idosos.

O envelhecimento normal diminui significativamente as respostas cronotrópicas e inotrópicas do coração ao exercício (Quadro 3).

Quadro 3   Resumo das alterações associadas à idade no desempenho cardiovascular no pico do exercício

Parâmetro cardiovascular no pico do exercício	Efeitos do envelhecimento
Débito cardíaco	↓ / sem mudança
Frequência cardíaca	↑
Volume sistólico do VE	↑/↓/sem mudança
Volume diastólico final do VE	↑
Contratilidade do VE	↓
Taxa de enchimento diastólico precoce	↓
Consumo de oxigênio (VO$_2$) máximo	↓
Diferença arteriovenosa (A-V)	↓

VE: ventrículo esquerdo.

DISFUNÇÃO VENTRICULAR NO IDOSO

A insuficiência cardíaca (IC) é predominantemente uma doença de idosos com uma prevalência crescente com o aumento da idade e é a razão mais comum para hospitalização nesses indivíduos. O aumento da idade também está associado ao aumento de várias comorbidades, de tal forma que os pacientes idosos com IC tipicamente têm de cinco a seis comorbidades além da IC. Embora comumente se apresentem com os sintomas clássicos de dispneia e fadiga, os pacientes idosos são mais propensos que os pacientes mais jovens a apresentar sintomas atípicos como alteração do estado mental, depressão ou problemas para executar tarefas. Em relação a IC aguda, a apresentação clínica, em especial em pacientes com idade > 85 anos, difere substancialmente daquela em pacientes mais jovens, com sintomas inespecíficos, como fadiga e confusão, muitas vezes superando a dispneia. Os pacientes mais velhos também têm um perfil de risco diferente em comparação aos pacientes mais jovens: frequentemente têm IC com fração de ejeção preservada (ICFEP) e infecção como o fator precipitante da IC aguda. Além disso, as comorbidades, deficiências e fragilidade são comuns e aumentam a morbidade, o tempo de recuperação, as taxas de readmissão e a mortalidade. O diagnóstico e tratamentos para IC aguda devem ser adaptados de acordo com o estado cardiopulmonar e geriátrico e podem ser tratados de forma semelhante aos pacientes mais jovens, porém diferentes estratégias devem ser aplicadas na presença das comorbidades relevantes, deficiências e fragilidade. A opção de cuidados paliativos deve ser considerada numa fase precoce, para evitar diagnósticos e tratamentos desnecessários e nocivos.

A ICFEP é talvez o aspecto clínico da IC mais peculiar no idoso, pois a ICFEP está relacionada principalmente à função diastólica anormal do ventrículo esquerdo e aumento da rigidez arterial, o que leva a um acoplamento ventrículo-arterial anormal (Quadro 4). A titi-

Quadro 4 Múltiplos fatores que contribuem para a fisiopatologia da ICFEP

Enchimento do VE prejudicado (disfunção diastólica)	Desacoplamento ventrículo-vascular (↑ sobrecarga ventricular)	Outros
Aumento da rigidez da matriz extracelular ■ aumento da síntese e depósito de colágeno tipo I ■ redução da degradação da matriz extracelular	Aumento da rigidez vascular	Incompetência cronotrópica
Aumento da rigidez do cardiomiócito ■ hipertrofia de miócitos ■ disfunção da proteína citoesquelética ■ hipofosforilação da titina ■ conexão das pontes cruzadas	Redução da distensibilidade vascular	Baixa reserva cardiovascular ■ anormalidades na sinalização dos receptores beta
	Relaxamento vascular anormal	Isquemia miocárdica
		Produção de energia anormal do miocárdio

na (proteína que dá elasticidade ao sarcômero) foi identificada como um dos principais determinantes da rigidez dos miócitos, pois tem propriedades semelhantes a uma mola e regula o retrocesso diastólico precoce e a resistência diastólica tardia ao estiramento. Em doentes com ICFEP, a titina é largamente hipofosforilada. Além disso, o processo de relaxamento ventricular é ativo, ou seja, depende de energia para a sua realização e por essa razão isquemia miocárdica deve ser sempre descartada no diagnóstico de ICFEP, sobretudo em idosos em que as comorbidades podem contribuir para a presença de doença arterial coronária. A isquemia pode resultar em diminuição do relaxamento do coração quando os miócitos não conseguem relaxar adequadamente e as pontes cruzadas (ligação miosina-actina associada a contração) permanecem intactas e geram tensão ao longo da diástole com aumento do estresse no coração. Estudos comunitários mostraram que 83% dos pacientes com ICFEP têm hipertensão pulmonar associada. Nesses pacientes, o aumento da pressão pulmonar está associado ao aumento passivo da pressão pulmonar, mas também ao aumento da resistência vascular pulmonar, o que leva à hipertensão pulmonar "desproporcional". O resultado final dessas alterações hemodinâmicas é a disfunção ventricular direita, o que leva a pior prognóstico. De fato, um terço dos pacientes com ICFEP apresentam disfunção ventricular direita, relacionada ao aumento do volume atrial direito, maior dilatação ventricular, aumento da rigidez diastólica e maior mortalidade em relação aos pacientes sem disfunção ventricular direita. Também é importante saber que alguns desses pacientes com pressão capilar pulmonar normal em repouso podem ter um aumento na pressão capilar durante o exercício ou após volume, o que pode levar ao subdiagnóstico da hipertensão pulmonar relacionada à doença cardíaca esquerda em tais pacientes. As diretrizes atuais para o tratamento da ICFEP recomendam o manejo da volemia com uso de diuréticos em dosagem apropriada, controle da pressão arterial, tratamento dos fatores de risco (como apneia do sono, doença arterial coronária e doença valvar) e educação dietética.

Na IC com fração de ejeção reduzida (ICFER), a abordagem terapêutica em idosos deve ser a princípio idêntica à dos pacientes mais jovens quanto à escolha da terapêutica farmacológica. No entanto, as propriedades farmacocinéticas e farmacodinâmicas alteradas dos fármacos cardiovasculares nos idosos podem exigir que essas terapias sejam aplicadas com mais cautela, com reduções nas dosagens de fármacos.

Em pacientes com IC, a qualidade de vida relacionada à saúde é afetada por comorbidades e fragilidade, e a fragilidade está associada a um risco aumentado de visitas aos serviços de emergência e hospitalização. A fragilidade também pode estar associada a um aumento das reações adversas aos medicamentos.

EXAMES PARA AVALIAÇÃO DA FUNÇÃO VENTRICULAR EM IDOSOS

Para o diagnóstico de ICFEP há a necessidade da demonstração da função ventricular esquerda sistólica relativamente preservada e evidência de disfunção diastólica. As técnicas de imagem não invasivas permitem a avaliação desses parâmetros sem necessidade de cateterismo cardíaco na grande maioria dos pacientes. Já para o diagnóstico de ICFER basta detectar fração de ejeção < 50% (Sociedade Brasileira de Cardiologia).

Ecocardiograma: o ecocardiograma Doppler é o padrão-ouro para avaliação da disfunção diastólica, que é cada vez mais reconhecida como causa de IC, especialmente em idosos. Utilizando uma combinação de técnicas de ecocardiografia Doppler, é possível identificar graus de disfunção diastólica, estimar as pressões de enchimento do ventrículo esquerdo e estabelecer a cronicidade da disfunção diastólica. Essas medidas têm sido amplamente validadas contra exames invasivos das pressões cardíacas esquerdas e têm demonstrado ser de prognóstico valioso numa vasta gama de achados clínicos. A calcificação degenerativa (que leva à esclerose) e a degeneração mixomatosa (que pode levar à regurgitação) afetam as válvulas aórtica e mitral com o envelhecimento. Essas alterações são consideradas "secundárias" ao envelhecimento e diferem das alterações primárias devidas à doença cardíaca reumática ou a alterações congênitas da válvula. Essas mudanças podem progredir para prejudicar a função da válvula e, portanto, ser consideradas patológicas e não mais "envelhecimento normal". O desafio para os clínicos é identificar as alterações fisiopatológicas daquelas associadas ao envelhecimento normal. Quando utilizados em combinação e tendo em conta a idade, os parâmetros ecocardiográficos Doppler são úteis na avaliação da dispneia em doentes idosos e fornecem informações prognósticas.

A seleção apropriada de pacientes para implante transcateter de próteses é crucial e requer uma abordagem multidisciplinar e as imagens de multimodalidade, incluindo ecocardiografia, tomografia computadorizada e ressonância magnética, desempenham um papel fundamental no processo de seleção e planejamento. No entanto, a ecocardiografia continua a ser a modalidade de imagem primária utilizada para a seleção do paciente, orientação intraprocedimento, avaliação pós-procedimento e acompanhamento de longo prazo.

Teste cardiopulmonar: o envelhecimento está associado a um declínio progressivo da capacidade de atividade física e o aspecto central para isso é uma redução no consumo de oxigênio máximo (que representa o débito cardíaco na ausência de doença pulmonar). É útil na estratificação de risco cirúrgico para possível necessidade de terapia intensiva no pós-operatório, pois existe uma associação consistente entre as variáveis derivadas do teste cardiopulmonar e o resultado após cirurgia de grande porte. Em pacientes idosos com IC, um VE/VCO$_2$ *slope* mais elevado fornece informações adicionais para a estratificação de risco em todo o espectro da função ventricular e identifica uma população de alto risco.

Tomografia de coração: avalia a presença de cálcio, anatomia das coronárias e função ventricular esquerda. Pode ter valor prognóstico quando associado a imagens de perfusão miocárdica.

Ressonância magnética: permite a avaliação da função ventricular esquerda e direita, volumes, anatomia, presença de fibrose e avaliação de viabilidade e isquemia (induzida por estresse farmacológico).

Medicina nuclear: avaliação de DAC conhecida ou não (principalmente em idosos que não conseguem realizar atividades físicas), função ventricular direita e esquerda (janela ecocardiográfica inapropriada), função diastólica ("*peak filling rate*"), inervação cardíaca simpática (MIBG) e hipertensão arterial secundária (nefrograma).

REFERÊNCIAS BIBLIOGRÁFICAS

1. Mann DL, Zipes DP, Libby P, Bonow RO, Braunwald E, eds. Braunwald's heart disease: a textbook of cardiovascular medicine. 10. ed. Saunders; 2015.
2. Strait JB, Lakatta EG. Aging-associated cardiovascular changes and their relationship to heart failure. Heart Fail Clin. 2012;8(1):143-64.
3. Hung CL, Gonçalves A, Shah AM, Cheng S, Kitzman D, Solomon SD. Age-and sex-related influences on left ventricular mechanics in elderly individuals free of prevalent heart failure: The ARIC Study (Atherosclerosis Risk in Communities). Circ Cardiovasc Imaging. 2017;10(1):e004510.
4. Meschiari CA, Ero OK, Pan H, Finkel T, Lindsey ML. The impact of aging on cardiac extracellular matrix. Geroscience. 2017;39(1):7-18.
5. Dugo C, Rigolli M, Rossi A, Whalley GA. Assessment and impact of diastolic function by echocardiography in elderly patients. J Geriatr Cardiol. 2016;13(3):252-60.
6. Shakib S, Clark RA. Heart failure pharmacotherapy and supports in the elderly – a short review. Curr Cardiol Rev. 2016;12(3):180-5.

CAPÍTULO 5

Cardiomiopatias não isquêmicas no idoso

Felício Savioli Neto
Neire Niara F. Araujo

INTRODUÇÃO

As cardiomiopatias representam um grupo de doenças que afetam o miocárdio, incluindo doenças sistêmicas e patologias que acometem primariamente o músculo cardíaco. De acordo com a Sociedade Europeia de Cardiologia (European Society of Cardiology – ESC), as cardiomiopatias são doenças miocárdicas na qual o músculo cardíaco é estrutural e funcionalmente anormal, na ausência de doença arterial coronariana, hipertensão arterial, doença valvar e cardiopatia congênita[1]. Entretanto, em muitos casos o diagnóstico pode ser acidental ou durante exame de rastreamento. Feito o diagnóstico sindrômico, a classificação da cardiomiopatia e a possível identificação etiológica se faz necessária para adequar a melhor estratégia terapêutica (Figura 1).

As alterações cardiovasculares associadas ao processo de envelhecimento predispõem os idosos (idade ≥ 65 anos) às doenças do miocárdio. Entretanto, a prevalência das cardiomiopatias na população geriátrica tem sido subestimada em decorrência da baixa sensibilidade dos critérios clínicos, em especial nos casos de menor gravidade. Neste capítulo abordaremos, de forma sucinta, o remodelamento cardiovascular associado ao processo de envelhecimento e as principais causas não isquêmicas das principais cardiomiopatias que afetam a população geriátrica.

ENVELHECIMENTO CARDIOVASCULAR E CARDIOMIOPATIAS

O envelhecimento está associado a importantes alterações na estrutura e na função cardiovas-

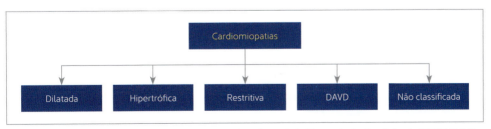

Figura 1 Classificação das cardiomiopatias segundo a Sociedade Europeia de Cardiologia (ESC)[1]. DAVD: displasia arritmogênica do ventrículo direito.

cular, que comprometem a reserva cardíaca e predispõem os idosos às cardiomiopatias (Figura 2). A partir da quarta década de vida nota-se progressiva perda de miócitos ventriculares, com contingente 30% menor na idade de 80 anos em comparação com a de 20 anos. Esse fenômeno é atribuído a processos de apoptose, de necrose e/ou de autofagia, além da limitada capacidade regenerativa das células miocárdicas. Além disso, observa-se acentuada proliferação de fibroblastos cardíacos, células que produzem matriz extracelular, colágeno e depósitos amiloides. Estruturalmente, o envelhecimento se associa a aumento significativo da espessura miocárdica decorrente do aumento no tamanho da fibra miocárdica. Essa hipertrofia ocorre de forma assimétrica, com maior espessura no septo interventricular em relação à parede ventricular, modificando a silhueta cardíaca normalmente de formato elíptico para esférico. Essas alterações, tanto na espessura como na forma, são associadas a importantes alterações funcionais no estresse da parede cardíaca e na eficiência contrátil. Assim, com o avançar da idade, nota-se acúmulo de colágeno e consequente fibrose intersticial nos átrios, no nó sinusal e nos ventrículos. Não obstante, o processo natural de envelhecimento não compromete a função sistólica do ventrículo esquerdo (VE), preservando o desempenho do coração graças a importantes mecanismos adaptativos que incluem: moderada hipertrofia ventricular esquerda, sístole e diástole prolongadas, mecanismo de Frank-Starling, aumento do átrio esquerdo e da sua contribuição no enchimento ventricular.

Ao contrário do observado com a função sistólica, o envelhecimento se associa a substanciais alterações na fase diastólica do ciclo cardíaco (lusitrópicas). A partir da sexta década de vida a velocidade do enchimento ventricular esquerdo na fase inicial da diástole declina acentuadamente (cerca de 50%) entre os 20 e 80 anos em decorrência do acúmulo de material fibrótico no VE e do atraso na ativação do Ca^{2+} na fase precedente à sístole. Em contrapartida, ocorre o aumento compensatório do enchimento diastólico final por causa da maior contribuição da contração atrial esquerda, preservando o enchimento ventricular. Além disso, o tempo de enchimento do VE durante a fase inicial da diástole aumenta em cerca de 50% entre as idades de 20 e 80 anos. Surpreendentemente, enquanto a taxa de enchimento ventricular diminui e aumenta à importância da fase tardia da diástole, o volume diastólico final permanece inalterado ou aumenta discretamente no repouso e durante o exercício de leve intensidade, graças ao menor aumento da frequência cardíaca e consequente maior tempo de enchimento diastólico. Em consequência, a função sistólica global permanece inalterada. Apesar do aumento da pressão arterial sistólica com a idade, o volume sistólico final e a fração de ejeção do VE, em repouso, não se alteram significativamente[2].

CARDIOMIOPATIA DILATADA

Cardiomiopatia dilatada (CMD) é definida por dilatação do VE associada à disfunção sistólica, com ou sem a dilatação do ventrículo direito, na ausência de doença arterial coronariana, hipertensão, doença valvar ou cardiopatia congênita. É a cardiomiopatia mais frequente, com incidência na população geral estimada entre 5 e 8 casos por 100.000 pessoas, e prevalência de 36 por 100.000. Embora esse tipo de cardiomiopatia possa afetar indivíduos de todas as idades, geralmente manifesta-se clinicamente entre a terceira e a quarta décadas de vida por insuficiência cardíaca progressiva, arritmias cardíacas, distúrbios da condução, tromboembolismo ou morte súbita. Os idosos representam 10% dos pacientes com CMD e apresentam prognóstico menos favorável do que os mais jovens[3].

No Brasil, a doença de Chagas por *Trypanosoma cruzi* é a causa infecciosa mais comum, embora seja responsável por apenas 10% dos casos de insuficiência cardíaca. Outras causas incluem miocardites virais e, menos frequentemente, bacterianas, distúrbios hormonais crônicos como diabete mal controlada ou doenças da tireoide, obesidade mórbida, ou condições que

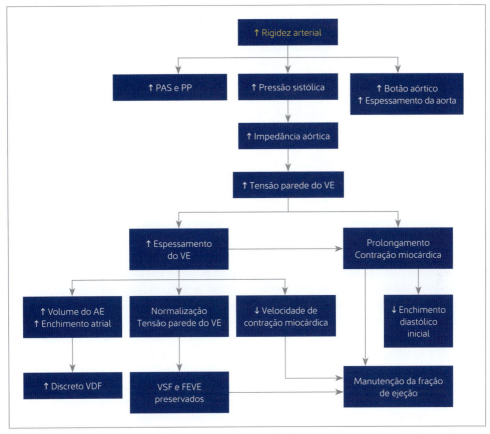

Figura 2   Alterações cardiovasculares associadas ao envelhecimento que predispõem os idosos às cardiomiopatias. PAS: pressão arterial sistólica; PP: pressão de pulso; AE: átrio esquerdo; FEVE: fração de ejeção do ventrículo esquerdo; VDF: volume diastólico final; VE ventrículo esquerdo; VSF: volume sistólico final. Adaptada de Strait e Lakatta, 2012[2].

mantenham a frequência cardíaca persistentemente elevada. A CMD pode também ser causada por uso abusivo de bebidas alcoólicas, antidepressivos, agentes antipsicóticos e quimioterápicos. Etiologia genética representa 20 a 35% dos casos. Entretanto, a grande maioria é considerada de etiologia desconhecida (idiopática).

O diagnóstico baseia-se nos sintomas, no exame físico e em testes adicionais. Em geral, os sintomas iniciais são episódios de dispneia durante o esforço físico, de caráter progressivo, resultado da diminuição da força contrátil do coração. Seja qual for a causa da CMD, se o dano cardíaco é suficientemente grave, a frequência cardíaca eventualmente acelera, a pressão arterial geralmente é baixa, e sintomas e sinais de congestão venosa são observados. O eletrocardiograma (ECG) frequentemente detecta anormalidades na atividade elétrica do coração, porém são evidências inespecíficas para o diagnóstico. Em geral, o diagnóstico é estabelecido pelo ecocardiograma transtorácico (ETT) com dilatação do VE ou de ambos os ventrículos, e fração de ejeção do VE < 50%. A ressonância magnética cardíaca (RMC) é importante ferramenta no manejo da CMD, auxiliando no diagnóstico diferencial com outros tipos de cardiomiopatias, incluindo a de etiologia isquêmica.

Em geral, o prognóstico depende do grau de dilatação e de comprometimento da função do VE. A idade avançada e os ritmos cardíacos anormais também indicam um pior prognóstico. Em geral, os homens sobrevivem apenas metade do tempo que as mulheres, e os negros metade do tempo que os brancos. Cerca de 40 a 50% das mortes são repentinas, provavelmente decorrentes de um ritmo cardíaco anormal ou de fenômenos tromboembólicos.

O manejo da CMD inclui o tratamento da doença de base (quando possível), a adoção de medidas gerais como evitar o estresse, reduzir o sal da dieta e realizar períodos de repouso. Fármacos como inibidores da enzima conversora da angiotensina, bloqueadores dos receptores da angiotensina II, betabloqueadores e antagonistas da aldosterona melhoram a função cardíaca e os índices de qualidade de vida, além de aumentarem a sobrevida. Diuréticos devem ser empregados nos casos de retenção de líquidos, aliviam os sintomas congestivos, mas não alteram a sobrevida. Drogas antiarrítmicas, quando necessárias, devem ser inicialmente prescritas com doses menores e aumentadas progressivamente. Nos pacientes com anormalidades na condução elétrica, a terapêutica com ressincronização cardíaca pode ser indicada. Independentemente da etiologia e da terapêutica medicamentosa, a CMD é condição progressiva e fatal, representando a terceira principal causa de indicação para transplante cardíaco. Nos idosos, as múltiplas comorbidades e a consequente polifarmácia tornam a terapêutica medicamentosa mais difícil, com a opção pelo transplante cardíaco pouco usual.

CARDIOMIOPATIA HIPERTRÓFICA

A cardiomiopatia hipertrófica (CMH) é doença primária do músculo cardíaco, caracterizada por hipertrofia da parede ventricular esquerda e septo interventricular, na ausência de doenças cardíacas ou sistêmicas que justifiquem essa modificação estrutural. Portanto, causas secundárias de hipertrofia ventricular devem ser excluídas, como hipertensão arterial, estenose valvar aórtica, síndrome de Noonan, ataxia de Friedreich e outras. É a mais prevalente das cardiomiopatias de etiologia genética (autossômica dominante), e pode apresentar-se de forma simétrica ou assimétrica, e obstrutiva ou não obstrutiva.

Sua prevalência na população geral é estimada em 1:500 indivíduos. As CMH são mais frequentes entre os idosos, com mais de 40% dos pacientes hospitalizados com esse diagnóstico em idade superior a 60 anos. Aproximadamente 30-60% dos pacientes com CMH apresentam mutações patogênicas em genes de proteínas sarcoméricas, razão pela qual também é conhecida como doença do sarcômero, todavia a etiologia permanece indefinida no restante dos casos. Entre as diferentes modalidades de CMH, a forma septal predomina em 80-90%, a concêntrica (simétrica) em 5-10% e a apical em 3-8% dos casos. A obstrução da via de saída do VE está presente em 25% dos casos de CMH, sendo caracterizada pelo gradiente máximo ≥ 30 mmHg em repouso ou com teste de provocação, e apresenta evolução mais lenta nos idosos[4].

A sintomatologia, quando presente, costuma ser mais grave nos idosos quando comparados aos mais jovens. Os sintomas predominantes incluem dispneia, dor no peito, quadros de pré-síncope e síncope. A dispneia é desencadeada pelo comprometimento da diástole e pela presença de hipertensão venocapilar pulmonar. Nas fases iniciais é associada aos esforços e, posteriormente, mesmo em repouso. A disfunção diastólica da CMH não apenas é uma das principais causas da dispneia, como também um importante preditor de risco. A dor no peito atípica também costuma ser desencadeada pelos esforços, piora com administração de nitratos e é causada pela desproporção entre oferta e consumo de oxigênio pelo miocárdio. Além disso, palpitações também costumam ser referidas, causadas por arritmias cardíacas como extrassístoles, taquicardias e fibrilação atrial. A morte súbita, causada por obstrução da via de saída do VE e consequente incapacidade de manter o débito cardíaco, pode ser a primeira manifestação da doença, felizmente é menos frequente entre os idosos.

No exame físico, a ausculta da quarta bulha pode ser ouvida pela contração atrial intensa e redução da distensibilidade do VE, como também da terceira bulha, nos casos que evoluem para insuficiência cardíaca na forma dilatada. Ademais, sopros sistólicos na borda esternal baixa, nos casos obstrutivos e no foco mitral, em decorrência da protrusão do septo hipertrófico para o lado direito, também podem ser auscultados.

O eletrocardiograma de 12 derivações pode revelar anormalidades na maioria dos pacientes com CMH, incluindo alterações do segmento ST e da onda T, ondas Q proeminentes e sinais de sobrecarga VE. A presença de ondas T negativas e gigantes nas derivações precordiais são achados eletrocardiográficos característicos da forma apical da CMH.

O ETT bidimensional é a ferramenta mais acessível e informativa no diagnóstico inicial das CMH. As alterações frequentemente observadas incluem hipertrofia septal assimétrica (espessura do septo interventricular – SIV ≥ 15 mm e a relação entre o septo e a parede posterior do VE ≥ 1,5), diâmetro reduzido da cavidade ventricular esquerda, aumento do átrio esquerdo e sinais sugestivos de obstrução do trato de saída do VE como movimento anterior sistólico do folheto anterior ou posterior da valva mitral e o fechamento mesodiastólico da valva aórtica.

A RMC é considerada método mais preciso para avaliar a massa ventricular, os volumes e a fração de ejeção. Além disso, a RMC é fundamental no diagnóstico diferencial entre a forma apical (Yamaguchi) e as hipertrofias laterais do VE. A cine-RMC com codificação da velocidade de fluxo pode ser utilizada para avaliar a dinâmica do fluxo e a dinâmica da obstrução na via de saída do VE. A avaliação da presença de realce tardio do gadolínio (RTG) pode ser útil no diagnóstico diferencial entre as cardiomiopatias de etiologia isquêmicas das não isquêmicas e para detectar áreas de fibrose na CMH, focos importantes de taquicardias ventriculares.

O tratamento farmacológico empregado nos pacientes com CMH inclui betabloqueadores e alguns antagonistas do cálcio. Os betabloqueadores são fármacos que possuem efeito inotrópico negativo e que atenuam a taquicardia reflexa induzida pela adrenalina, sendo considerados de primeira linha no tratamento da CMH. O verapamil e o diltiazem podem ser indicados em casos de contraindicação dos betabloqueadores. As terapias invasivas são indicadas para os casos de CMH refratárias às condutas clínicas visando melhorar a qualidade de vida dos pacientes. O tratamento cirúrgico, miectomia, é uma alternativa segura, com mortalidade < 0,3%. A ablação do SIV por alcoolização tem sido empregada na presença de comorbidades, idade avançada ou por recusa do tratamento cirúrgico pelo paciente. O implante de marca-passo dupla câmara tem sido indicado como alternativa para os casos de CMH com sintomas de obstrução grave. Embora não haja dados que comprovem a redução do risco de morte súbita com o implante de marca-passo dupla câmara nos pacientes com CMH, alguns estudos sugerem benefícios desse procedimento nos pacientes com mais de 65 anos.

CARDIOMIOPATIA RESTRITIVA

As cardiomiopatias restritivas (CMR) são definidas como doenças primárias ou secundárias do músculo cardíaco, que aumentam a rigidez miocárdica e comprometem o enchimento diastólico de um ou de ambos os ventrículos. A função sistólica geralmente encontra-se preservada e a espessura das paredes ventriculares dentro dos limites da normalidade ou aumentada, de acordo com a etiologia de base. Representam cerca de 5% das cardiomiopatias identificadas na prática clínica e são identificadas pela presença de disfunção diastólica associada ou não a sintomas e sinais de insuficiência cardíaca. As CMR são classificadas como infiltrativas, não infiltrativas, de depósito ou obliterativas. Além disso, podem ser de etiologia idiopática (genética) ou decorrentes de várias doenças sistêmicas.

Diferentemente dos pacientes mais jovens, a CMR idiopática é rara nos idosos, todavia possui melhor prognóstico. A amiloidose constitui a etiologia mais comum nos idosos, seguida por outros processos infiltrativos como sarcoidose cardíaca, doença carcinoide, hemocromatose e esclerose sistêmica. Ademais, o uso mais amplo da radioterapia do tórax e da quimioterapia com antraciclinas em pacientes idosos com câncer são fatores que aumentam a incidência de CMR secundária à fibrose endomiocárdica.

A amiloidose é uma condição rara que resulta da deposição extracelular sistêmica ou específica a um órgão, de proteínas fibrilares insolúveis. A porcentagem de pacientes com comprometimento cardíaco depende do tipo de amiloidose: 50% na forma primária (AL), entre 10 e 50% na familiar (ATTR) e menos de 5% na secundária (AA). A amiloidose familiar, embora responsável por apenas 10% dos casos, também se apresenta em idosos. Esta anomalia autossômica dominante é indistinguível da amiloidose primária por critérios clínicos e requer a identificação da proteína variante por meio de análises imunoquímicas. O diagnóstico diferencial é relevante pois a sobrevida dos pacientes com amiloidose familiar é aproximadamente o dobro da primária.

Estudos histológicos demonstram presença de infiltração amiloide nas paredes atriais em 91% dos pacientes idosos. Entretanto, amiloidose primária associada a síndrome clínica com envolvimento cardíaco é consideravelmente menos comum, com a idade média da apresentação clínica de aproximadamente 74 anos. A disfunção diastólica associada à amiloidose primária pode resultar diretamente da presença de imunoglobulinas monoclonais mais do que a presença do depósito amiloide. As cavidades ventriculares são geralmente de tamanho reduzido. Os átrios são caracteristicamente dilatados e em alguns casos podem apresentar trombos nos apêndices. Apenas 25% dos pacientes com amiloidose primária apresentam insuficiência cardíaca congestiva, e cerca de um sexto apresenta hipotensão ortostática. A sobrevida média em pacientes com insuficiência cardíaca congestiva é de 6 meses. A espessura da parede ventricular representa importante valor prognóstico, com sobrevida média de 2,4 anos para os pacientes com dimensões ventriculares normais e 0,4 ano para aqueles com hipertrofia ventricular significativa. O prognóstico também é desfavorável nos pacientes com tempo de desaceleração acentuado e aumento na relação E/A no estudo do fluxo transmitral pelo Doppler ecocardiográfico.

A amiloidose cardíaca, quando sintomática, manifesta-se por insuficiência cardíaca com fração de ejeção do VE preservada, palpitações, dores precordiais e hipotensão ortostática. Os achados eletrocardiográficos mais comuns incluem complexos QRS de baixa voltagem (QRS < 1 mV em todas derivações ou < 0,05 mV nas periféricas), arritmias supraventriculares frequentes (principalmente fibrilação atrial) e distúrbios da condução elétrica. Traçado eletrocardiográfico com complexos de baixa voltagem, apesar da presença de espessamento da parede ventricular esquerda evidenciada no ecocardiograma, é altamente sugestivo de amiloidose cardíaca.

Os achados ecocardiográficos típicos incluem o espessamento da parede e redução da cavidade do VE, enchimento diastólico com padrão restritivo e dilatação biatrial. O ETT pode evidenciar disfunção atrial que, apesar do ritmo sinusal, associa-se a risco trombogênico elevado, indicando a necessidade da anticoagulação preventiva. A presença de deformidade longitudinal caracterizada por comprometimento mais acentuado nas paredes médio e basal do VE, com relativa preservação da região apical, pode auxiliar na distinção da infiltração do VE causada por substância amiloide da hipertrofia ventricular.

A RMC com gadolínio é método não invasivo com maior sensibilidade e especificidade no diagnóstico de amiloidose cardíaca e evidencia imagens precisas da hipertrofia miocárdica, da estrutura atrial, como também as alterações morfológicas típicas da CMR. Entretanto, o acesso reduzido ao método, a claustrofobia e a frequente presença de disfunção renal são fatores limitantes desse método na população idosa. Recentemente, imagens radioisotópicas utilizando marcadores ósseos, como o pirofosfato de tecnécio (Tc-99m), têm sido úteis para identificar a forma ATTR da amiloidose, possivelmente pela ligação desse marcador com o cálcio no depósito amiloide. Não obstante, a confirmação diagnóstica da amiloidose cardíaca continua sendo estabelecida pela biópsia endomiocárdica com amostras coradas pelo vermelho Congo.

A sarcoidose cardíaca está associada à inflamação intersticial, com consequente comprometimento da função diastólica. A incidência e a prevalência de comprometimento cardíaco permanecem desconhecidas, com apenas uma minoria de pacientes com idades avançadas. De modo geral, o envolvimento cardíaco é subclínico, com o diagnóstico geralmente estabelecido por estudos necroscópicos. Anormalidades eletrocardiográficas são presentes em 50% dos pacientes com sarcoidose. Entretanto, o significado preciso desses achados é desconhecido. Morte súbita é causa mais comum de morte em pacientes com sarcoidose cardíaca, resultado de bloqueio atrioventricular completo ou taquiarritmias malignas. A RMC com gadolínio apresenta elevada sensibilidade e especificidade na detecção de envolvimento cardíaco na sarcoidose, com realce mesocárdico ou subepicárdico preferencialmente nas porções basais e laterais do VE.

Como o tratamento específico dos pacientes com CMR ainda não é conhecido, a terapêutica medicamentosa atual objetiva o alívio dos sintomas. Contudo, agentes comumente empregados nas cardiomiopatias dilatadas (p. ex., inibidores da enzima conversora da angiotensina – ECA, bloqueadores de receptores da angiotensina – BRA, betabloqueadores, antagonistas da aldosterona) são mal tolerados nas doenças restritivas. Assim, a terapêutica medicamentosa tem sido dirigida principalmente à causa presumida do transtorno. Nos pacientes em que a taquicardia tem papel relevante, betabloqueadores, alguns antagonistas dos canais de cálcio e a ivabradina têm sido indicados. Os inibidores da ECA são úteis na redução da pré e da pós-carga, além de atuar na reversão do remodelamento ventricular. Diuréticos reduzem a pré-carga e aumentam a tolerância ao exercício. Drogas antiarrítmicas como amiodarona podem ser necessárias para manutenção do ritmo sinusal em pacientes diagnosticados com fibrilação atrial paroxística.

O prognóstico é reservado, principalmente porque o diagnóstico é frequentemente feito tardiamente. Ademais, pacientes com CMR, especialmente por amiloidose, costumam apresentar disfunção autonômica (especialmente na doença cardíaca amiloide) com episódios frequentes de hipotensão ortostática. Existe uma alta taxa de doença do sistema de condução, bloqueio cardíaco e morte súbita.

REFERÊNCIAS BIBLIOGRÁFICAS

1. Elliott P, Andersson B, Arbustini E, Bilinska Z, Cecchi F, Charron P, et al. Classification of the cardiomyopathies: a position statement from the European Society of Cardiology Working Group on Myocardial and Pericardial Diseases. Eur Heart J. 2008;29(2):270-6.
2. Strait JB, Lakatta EG. Aging-associated cardiovascular changes and their relationship to heart failure. Heart Failure Clin. 2012;8:143-64.
3. McClung JA, Aronow WS. Cardiomyophaties in the elderly. In: Aronow W, Rich MW, Fleg JL, editors. Cardiovascular disease in the elderly. 5th ed. In: Boca Raton: CRC Press; 2013. p.426-44.
4. Kubo T, Kitaoka H, Okawa M, Nishinaga M, Doi YL. Hypertrophic cardiomyopathy in the elderly. Geriatr Gerontol Int. 2010;10(1):9-16.
5. Gillmore JD, Maurer MS, Falk RH, Merlini G, Damy T, Dispenzieri A, et al. Nonbiopsy diagnosis of cardiac transthyretin amyloidosis. Circulation. 2016;133:2404-12.

CAPÍTULO 6

Terapia cardiovascular no idoso

Maurício Wajngarten

INTRODUÇÃO

O grande aumento da esperança de vida ao longo dos últimos 50 anos fez com que idosos constituam o segmento de maior crescimento da população dos países desenvolvidos e em desenvolvimento. Entre 2005 e 2015, a proporção de idosos de 60 anos ou mais, na população do Brasil, passou de 9,8% para 14,3%, segundo a Síntese de Indicadores Sociais publicada pelo IBGE em 2016[1]. Já nos Estados Unidos, em 2017, demonstrou-se que 25% da população tem mais de 65 anos, sendo 36,6% portadores de alguma doença cardiovascular, com prevalência de 85% em indivíduos acima de 80 anos de idade. Ainda, 34% são hipertensos e somente 20% estão com seus valores na meta de controle. Há 6% da população norte-americana com doença coronariana, 2% possuem insuficiência cardíaca crônica e 1,0% fibrilação atrial[2]. Apesar disso, a maior parte dos estudos randomizados disponíveis se concentram em indivíduos mais jovens e saudáveis, em desfechos maiores como infarto do miocárdio, acidente vascular cerebral ou morte cardiovascular e menos no alívio dos sintomas e na qualidade de vida, o que pode ser de maior preocupação do que os desfechos maiores para o idoso. Ainda, do ponto de vista conceitual, no Brasil, idosos são aqueles com idade igual ou superior a 60 anos, e outros países adotam outros valores. Nos dias atuais, muitos consideram idosos aqueles indivíduos acima de 75 anos somente. Os idosos, em especial os de idade muito avançada, exigem cuidados especiais em relação à prescrição, dose e frequência de medicamentos por conta da presença de comorbidades e do uso de múltiplos fármacos, a polifarmácia. O Quadro 1 lista os princípios genéricos no cuidado e na prescrição de um idoso[3].

Quadro 1 Princípios genéricos no cuidado do idoso[3]

- Adote uma abordagem multidisciplinar, incluindo cuidados primários com enfermeiros, nutricionistas e fisioterapeutas.
- Revise regularmente as medicações. Cheque os frascos e caixas de medicação a fim de encontrar erros.
- Pense em efeitos colaterais, toda vez que houver um novo sintoma.
- Avalie o estado nutricional e a presença de interações entre drogas e alimentos (p. ex., alimentos contendo vitamina K em usuários de varfarina).
- Prescreva somente medicamentos com benefício comprovado e descontinue os inapropriados ou desnecessários.
- Simplifique o uso de fármacos. Use o número mínimo possível de tomadas e de fármacos.
- Eduque o paciente e seus cuidadores sobre a indicação e o propósito dos fármacos, sua frequência e dose em cada visita clínica.

PECULIARIDADES DA FARMACOCINÉTICA E DA FARMACODINÂMICA NO IDOSO

Com o avançar da idade, ocorre redução da função renal e da massa muscular e da água, contrapondo um aumento da gordura corporal, condições que na presença de cardiopatias ficam exacerbadas, claramente afetando a distribuição, o metabolismo e a eliminação de fármacos e aumentando o risco de interações medicamentosas. Essas manifestações se tornam ainda mais importantes no idoso, visto que comorbidades adicionais às doenças cardiovasculares, como artrite, diabetes melito, doença pulmonar obstrutiva crônica e distúrbios neurológicos, ocorrem muitas vezes determinando a prescrição de múltiplos fármacos. Nesse sentido, pesquisas clínicas demonstram que aproximadamente 50% dos idosos recebem cinco ou mais medicamentos. Nesse contexto, por conta das mudanças fisiológicas e fisiopatológicas que ocorrem com a idade, além do uso de medicamentos múltiplos, o idoso se torna um paciente vulnerável no que diz respeito às possíveis reações adversas e à adesão às múltiplas terapias prescritas. No Quadro 2, pode-se encontrar as classes farmacológicas que sofrem influência por conta dessas mudanças fisiopatológicas[3].

Assim, as respostas cardiovasculares às catecolaminas e à sensibilidade dos barorreceptores do seio carotídeo estarão reduzidas, facilitando a ocorrência de hipotensão ortostática com o uso de vasodilatadores como nitratos e bloqueadores alfa-adrenérgicos. A lentidão da atividade do nó sinusal e da condução atrioventricular também pode levar a uma maior sensibilidade aos efeitos dos betabloqueadores e de alguns bloqueadores dos canais de cálcio, levando à bradicardia. Além disso, o aumento da sensibilidade aos anticoagulantes pode levar a um aumento do risco de hemorragia para um determinado nível laboratorial de anticoagulação.

Essas alterações farmacodinâmicas relacionadas à idade decorrem de modificação da sensibilidade às medicações, muito mais que em razão de aumento ou diminuição de seus receptores.

A redução na resposta aos agonistas beta-adrenérgicos é bem conhecida, assim como a redução à resposta a receptores de adenosina A1.

Já alguns fármacos possuem sua ação exacerbada, entre eles a varfarina, benzodiazepíni-

Quadro 2 Influência da redução da função renal, da massa muscular e da água, e do aumento da gordura corporal na biodisponibilidade de algumas classes de fármacos de ação cardiovascular

Processo	Mudança fisiológica	Farmacocinética afetada	Drogas afetadas
Distribuição	Redução da massa Aumento da proporção de gordura corporal. Redução da proporção de água corporal, da albumina sanguínea, perfusão tecidual alterada e aumento de alfa-1 glicoproteína	Aumento do volume de distribuição de drogas lipossolúveis e redução do volume de distribuição de drogas hidrofílicas. Consequente mudança na porcentagem de drogas livres e no volume de distribuição de drogas ligadas a proteínas plasmáticas	betabloqueadores, α-agonistas centrais, digoxina, IECA, disopiramida, varfarina, lidocaína e propranolol
Metabolismo	Massa, fluxo e capacidade metabólica hepática reduzidos	Acúmulo de drogas metabolizadas	Propranolol, nitratos, lidocaína, diltiazem, varfarina, labetalol, verapamil e mexiletine
Excreção	Filtração glomerular, função tubular e fluxo renal reduzidos	Acúmulo de drogas de eliminação renal	Digoxina, IECA, atenolol, sotalol, nadolol e drogas antiarrítmicas

IECA: inibidores da enzima de conversão da angiotensina.

cos, narcóticos, etanol, diazepam, nitrazepam, flurazepam e loprazolam; estes últimos induzem sedação ainda em doses baixas.

Por essa razão, via de regra, toda a terapia no idoso deve ser norteada pela regra de iniciar com doses baixas e aumentá-las lentamente, sempre que for possível.

A resposta terapêutica desejada depende do adequado conhecimento do paciente (idoso), da doença em questão e do tratamento proposto. Deve-se considerar as preferências do paciente, suas morbidades, vulnerabilidades e eventuais riscos, heterogeneidade de resposta a fármacos e a relação benefícios/risco a fim de individualizar a conduta conforme esses fatores (Figura 1).

O Quadro 3 demonstra as possíveis interações com fármacos comumente utilizados nos idosos.

DEBATE SOBRE AS METAS PRESSÓRICAS NO TRATAMENTO DA HIPERTENSÃO

Um dos estudos mais importantes sobre esse contexto foi o estudo randomizado SPRINT, que avaliou o valor prognóstico de duas metas no tratamento da hipertensão e incluiu 28,2% de indivíduos acima de 75 anos[4]. Avaliaram 9.361 pacientes portadores de hipertensão e alto risco cardiovascular sem diabetes, para um alvo de pressão arterial sistólica menor que 120 mmHg (grupo de tratamento intensivo) ou um alvo menor que 140 mmHg (grupo de tratamento padrão). Em um ano, a pressão arterial sistólica média foi de 121,4 mmHg no grupo de tratamento intensivo e 136,2 mmHg no grupo de tratamento padrão. A intervenção foi interrompida precocemente após um seguimento médio de 3,26 anos, em razão de uma taxa significativamente mais baixa do resultado composto primário no grupo de tratamento intensivo (1,65% por ano vs. 2,19%). Já as taxas de eventos adversos sérios, como hipotensão, síncope, anormalidades eletrolíticas e insuficiência renal aguda, foram maiores no grupo de tratamento intensivo do que no grupo de tratamento padrão. Entretanto, apesar disso a mortalidade por todas as causas foi significativamente menor no grupo de tratamento intensivo com uma razão de risco de 0,73 (IC 95%, 0,60 a 0,90; $p = 0,003$).

O SPRINT mostrou que, em adultos com hipertensão sem diabetes, baixar a pressão arterial sistólica para uma meta menor que 120 mmHg, em comparação com a meta padrão menor que 140 mmHg, resultou em taxas significativamente mais baixas de eventos fatais e

Figura 1 Fatores que influenciam a resposta terapêutica no idoso.

Quadro 3 Interações medicamentosas passíveis de ocorrência com fármacos comumente utilizados em pacientes idosos

Fármaco primário	Fármaco(s) com interação	Mecanismo de interação	Efeito fisiológico provável
Drogas com efeitos aumentados			
Sulfonilureias antidiabéticas (tolbutamida e cloropropamida)	Cloranfenicol, varfarina, fenilbutazona e quinidina	IM IM, DP, IE OM	Hipoglicemia
Azatioprina	Alopurinol	IM	Supressão da medula óssea
Carbamazepina	Diltiazem, verapamil	IM	Aumento da concentração de carbamazepina e o risco de efeitos tóxicos (p. ex., náusea, ataxia e nistagmo)
Ciclosporina	Diltiazem, verapamil	IM	Aumento da concentração de ciclosporina e o risco de efeitos tóxicos (p. ex., hepato e nefrotoxicidade)
Digoxina	Amiodarona, diuréticos	OM	Aumento da concentração de digoxina e o risco de efeitos tóxicos (p. ex., náusea, confusão e cardiotoxicidade)
Disopiramida	Diltiazem, verapamil	OM	Bradicardia
Lidocaína	Betabloqueadores, cimetidina	RHF	Aumento da concentração de lidocaína e risco de efeitos tóxicos (p. ex., sedação, convulsões e cardiotoxicidade)
Procainamida	Diltiazem, verapamil	OM	Bradicardia
Propranolol	Cimetidina, diltiazem, verapamil	RHF OM	Bradicardia Bradicardia, hipotensão
Quinidina	Diltiazem, verapamil	OM	Aumento da concentração sérica de quinidina e risco de efeitos tóxicos (p. ex., náusea, arritmias)
Varfarina	Aspirina, indometacina, amiodarona, cimetidina, metronidazol, fenilbutazona, sulfonamidas	DP IM IM DP, IM	Hemorragia
Drogas com efeitos diminuídos			
Todos os medicamentos	Colestiramina	IA	Absorção de outros fármacos reduzida. Administrar outras drogas 1 a 2 h antes e 4 a 6 h após colestiramina
Sulfonilureias antidiabéticas (tolbutamida e cloropropamida)	Betabloqueadores (não seletivos), corticosteroides, diuréticos tiazídicos	ISS, MMC, ARI OM	Redução dos efeitos hipoglicemiantes
Digoxina	Sucralfato	IA	Redução da absorção de digoxina; administrar sucralfato com pelo menos 2 horas de distância da digoxina
Quinidina	Barbitúricos, rifampina	ASH	Redução do efeito antiarrítmico
Varfarina	Barbitúricos, carbamazepina, glutetimida, rifampina e vitamina K	ASH SP	Perda do controle da anticoagulação

(continua)

Quadro 3   Interações medicamentosas passíveis de ocorrência com fármacos comumente utilizados em pacientes idosos *(continuação)*

Fármaco primário	Fármaco(s) com interação	Mecanismo de interação	Efeito fisiológico provável
Outros efeitos			
IECA	Diuréticos poupadores de potássio, medicamentos contendo potássio	RPA	Hipercalemia
Inibidores da HMG-CoA redutase	Ciclosporina, genfibrozil, niacina, eritromicina	Desconhecido IM	Rabdomiólise, insuficiência renal aguda

ARI: aumento na resistência periférica à insulina; ASH: estimulação do metabolismo do fármaco; DP: deslocamento ou preferência na ligação com proteínas séricas; HMG-CoA: 3-hidroxi-3-metilglutaril-coenzima A; IA: inibição da absorção da droga; IE: inibição da excreção da droga; IM: inibição do metabolismo; ISS: inibição da secreção de insulina; MMC: modificação do metabolismo de carboidratos; OM: outros mecanismos (farmacodinâmica dos efeitos de fármacos nas respostas tissulares); RFH: redução no fluxo hepático; RPA: redução na produção de aldosterona; SP: aumento da síntese hepática de fatores pró-coagulantes.

não fatais de causa cardiovascular e também em morte por qualquer causa. Os pacientes randomizados para o grupo de tratamento intensivo tiveram um risco relativo 25% menor do resultado para os desfechos primários e apresentaram taxas mais baixas de vários outros desfechos importantes, incluindo insuficiência cardíaca (38% menor risco relativo), morte por causas cardiovasculares (43% menor risco relativo) e morte por qualquer causa (27% menor risco relativo).

Esses benefícios, tanto no resultado primário como na morte, foram observados em todos os subgrupos especificados, incluindo os participantes com mais de 75 anos de idade.

Os resultados de SPRINT se somam às evidências de benefícios em se baixar a pressão arterial sistólica, especialmente em pacientes idosos com hipertensão. Estudos como o ensaio do *Programa de hipertensão sistólica no idoso*[5], o *Hipertensão sistólica na Europa*[6] e o de *Hipertensão nos muito idosos*[7] já haviam demonstrado os benefícios de baixar a pressão arterial sistólica abaixo de 150 mmHg.

Tanto o estudo SPRINT quanto o ACCORD[8] avaliaram o valor prognóstico de níveis de pressão arterial sistólica idênticos (< 120 mmHg *vs.* < 140 mmHg). Em contraste com os resultados do SPRINT, os benefícios cardiovasculares e de mortalidade observados no ensaio ACCORD foram de menor monta e não foram estatisticamente significativos. Devem ser observadas várias diferenças importantes entre esses estudos. O ACCORD incluiu pacientes com diabetes, enquanto SPRINT os excluía. Além disso, o tamanho da amostra do estudo ACCORD foi apenas metade da do SPRINT (4.733 *vs.* 9.361). SPRINT recrutou uma coorte mais velha (idade média, 68 anos *vs.* 62 anos no estudo ACCORD), com 28% dos participantes com 75 anos de idade ou mais, e também incluíram participantes com doença renal crônica.

Ainda no estudo SPRINT, hipotensão ortostática avaliada durante uma consulta clínica foi observada com menor frequência no grupo de tratamento intensivo do que no grupo de tratamento padrão, mas a síncope foi mais comum entre os participantes do grupo de tratamento intensivo (3,5% *vs.* 2,4%), como foi a hipotensão (3,4% *vs.* 2,0%). Esses eventos adversos precisam ser ponderados contra os importantes e significativos benefícios com relação aos eventos cardiovasculares e à morte que estão associados ao controle intensivo da pressão arterial sistólica.

O estudo ACCORD também incluiu comparações de alvos de tratamento glicêmico e lipídico padrão e intensivo no mesmo ensaio. Uma análise secundária dos resultados do ACCORD mostrou que, em comparação com os tratamentos combinados de glicemia e pressão sanguínea, o tratamento intensivo da pressão arterial isoladamente reduziu os eventos cardiovasculares maiores em 26%. Assim, a diferença nos resultados entre os ensaios pode ser decorrente de diferenças no desenho do estudo, nas interações do tratamento ou pelo próprio acaso.

Esses resultados enfatizam a importância da aferição da pressão na posição ortostática e da individualização de tratamentos em idosos.

PRINCIPAIS FÁRMACOS DE AÇÃO CARDIOVASCULAR

Diuréticos tiazídicos

Hidroclorotiazida e clortalidona têm sido o pilar da terapêutica anti-hipertensiva nos idosos há mais de quatro décadas. Esses agentes são baratos e em geral bem tolerados, especialmente nas doses mais baixas atualmente recomendadas. Vários estudos randomizados demonstraram reduções na incidência de eventos cardiovasculares entre os idosos que tomam esses fármacos.

No uso dos tiazídicos merece atenção a possibilidade de hiponatremia e suas consequências, em especial quando associados a medicamentos de ação no sistema nervoso central. Outros problemas que podem ser associados aos tiazídicos são distúrbios metabólicos e disfunção erétil[9].

Diuréticos de alça

Os diuréticos de alça são terapia de primeira linha para pacientes com insuficiência cardíaca descompensada. Eles reduzem o volume do plasma provocando natriurese. Essa diminuição do volume plasmático reduz o retorno venoso e as pressões de enchimento ventricular, aliviando assim o edema periférico e pulmonar. A redução na função renal relacionada com a idade diminui a eficácia dos diuréticos nos idosos, que pode ser superada por titulação progressiva da dose diurética. O uso ambulatorial intermitente de diuréticos intravenosos pode ser necessário para indivíduos com insuficiência cardíaca refratária. Entre as muitas restrições ao uso dos anti-inflamatórios não hormonais inclui-se a redução do efeito natriurético dos diuréticos.

Entre os cuidados no uso desses diuréticos, inclui-se a monitoração de alterações dos eletrólitos séricos, pois podem precipitar arritmias ventriculares e/ou toxicidade digital. Em idosos com insuficiência cardíaca, a diurese excessiva pode causar depleção de volume com a resultante desidratação, hipotensão e azotemia pré-renal.

Uma única dose matinal em geral é suficiente, a menos que os sintomas noturnos sejam proeminentes e o uso de nova dose vespertina seja imperativo.

Vale lembrar da possibilidade de diuréticos exacerbarem ou promoverem alterações miccionais, bem como obstipação intestinal em pacientes predispostos.

Antagonistas da aldosterona

O antagonista da aldosterona, espironolactona, diurético leve (25 mg por dia) mostrou reduzir a mortalidade em 30% durante o seguimento médio de 24 meses em pacientes jovens e idosos com insuficiência cardíaca avançada. Hipercalemia grave, definida por potássio sérico ≥ 6,0 mmol/L, ocorreu em apenas 2%. Atualmente recomenda-se o uso de antagonistas de aldosterona em pacientes com hipertensão resistente. Outra indicação é naqueles com sintomas de insuficiência cardíaca secundária à disfunção sistólica, apesar da terapia com um diurético, inibidores da enzima conversora da angiotensina (IECA) e betabloqueador, se a função renal for preservada e o potássio sérico for normal. Ginecomastia dolorosa ocorre em até 10% dos pacientes que recebem espironolactona[9].

Betabloqueadores

Embora os betabloqueadores tenham sido usados para tratar a hipertensão em idosos, seu benefício não tem sido convincente. Os betabloqueadores têm estabelecido benefícios em pacientes com insuficiência cardíaca, particularmente indivíduos com história de infarto, insuficiência cardíaca sistólica ou certas arritmias. Múltiplos estudos randomizados demonstraram reduções na mortalidade com uso crônico de betabloqueadores após infarto agudo. O propranolol reduziu significativamente a mortalidade total em 34% em 25 meses e morte cardíaca súbita em 28% em pacientes com arritmias ventriculares complexas e em 16% em pacientes sem elas e o carvedilol reduziu a mortalidade total em 23% em pacientes com idade média de 63 anos (intervalo de 25-90 anos) após IM no seguimento de 1,3 anos[11].

Vários estudos clínicos randomizados em pacientes com até 80 anos mostraram que os betabloqueadores reduzem a mortalidade e hospitalizações e melhoram os sintomas em pacientes com insuficiência cardíaca sistólica[11]. Assim, as diretrizes atuais recomendam o uso de betabloqueadores nessa configuração. Contudo, as contraindicações relativas ao uso desses agentes, tais como distúrbios do sistema de condução, claudicação intermitente e doença pulmonar obstrutiva são mais comuns nos idosos e podem limitar a realização das doses máximas recomendadas. Em todos os idosos, os betabloqueadores devem ser iniciados em doses muito baixas em doentes clinicamente estáveis, para o carvedilol 3,125 mg duas vezes por dia e para o metoprolol de libertação prolongada 12,5 mg por dia, aumentados a intervalos de 2 semanas ou mais[11].

Bloqueadores de canais de cálcio

Os bloqueadores dos canais de cálcio são um grupo heterogêneo de drogas que reduzem a entrada de cálcio nas células musculares lisas arteriais, dilatando as artérias coronárias e artérias periféricas.

Basicamente, esse grupo de medicamentos inclui três classes:

- Di-hidropiridinas: representadas por anlodipino, lercanidipina, manidipina, nifedipino, nitrendipina, são as que mais atuam na célula muscular lisa e diminuem a resistência vascular periférica. Muito empregadas no controle da hipertensão arterial. Podem provocar hipotensão postural, taquicardia reflexa e edema de membros inferiores e cefaleia. Formulações de ação rápida (sublingual) devem ser evitadas.
- Fenilalquilaminas: representadas pelo verapamil, atuam principalmente no miocárdio e no sistema de condução; têm pouca ação vascular. Úteis para controle de taquiarritmias e de uso restrito em insuficiência cardíaca e bradiarritmias. Muitas vezes causam obstipação intestinal.
- Benzotiazepinas: representadas pelo diltiazem, têm efeito que se situa entre os dois precedentes. Úteis em pacientes com doença coronária, taquiarritmias e hipertensão e restrição de uso em bradiarritmias e insuficiência cardíaca. Como os anteriores, também podem promover ou exacerbar edema de membros inferiores e obstipação.

As preparações de longa duração do verapamil, diltiazem e nifedipina permitem uma dosagem diária e são geralmente bem toleradas.

As diminuições associadas à idade do fluxo sanguíneo hepático e da capacidade metabólica podem resultar em níveis séricos aumentados de verapamil, diltiazem e nifedipina; portanto, esses fármacos devem ser iniciados em doses baixas e titulados cuidadosamente.

A combinação de um di-hidropiridínico a um betabloqueador é bem tolerada em idosos, à medida que os betabloqueadores controlam a taquicardia reflexa ou cefaleia causadas por esses agentes. Por outro lado, a combinação do uso do verapamil ou diltiazen, com betabloqueadores deve ser evitada ou utilizada com muita cautela, pois podem aumentar a depressão da função miocárdica, bem como do sistema de condução.

Inibidores da enzima de conversão da angiotensina

Os inibidores da enzima de conversão da angiotensina (IECA) bloqueiam a conversão da angiotensina I para o potente vasoconstritor angiotensina II, tanto sistêmica como localmente nas artérias, reduzindo a pressão arterial sistêmica sem estimulação reflexa da frequência cardíaca. Vários estudos randomizados demonstraram a utilidade dos IECA em adultos idosos com hipertensão.

Contribuem na redução da massa ventricular esquerda, frequentemente aumentada em idosos com hipertensão. Além do mais, são bem conhecidos os seus benefícios em pacientes com insuficiência cardíaca e diabetes. Os principais efeitos adversos dos IECA incluem hipotensão, especialmente em pacientes desidratados, tosse seca crônica e insuficiência renal, que ocorrem em cerca de 1,7%, 4,2% e 0,7%, respectivamente, dos idosos com hipertensão[12]. Os IECA devem ser evitados em pacientes com estenose da artéria renal, nos quais podem precipitar insuficiência renal.

Múltiplos estudos estabeleceram os IECA como um componente crítico da terapia para insuficiência cardíaca sistólica. O estudo CONSENSUS[12] demonstrou que enalapril na dose de 10 mg a 20 mg duas vezes ao dia reduziu a mortalidade de 6 meses de 48% para 29% em idosos com insuficiência cardíaca sistólica que estavam recebendo diuréticos e digitálicos. Estudos mais recentes confirmaram esses efeitos favoráveis dos IECA na sobrevivência e na qualidade de vida dos idosos.

Desse modo, esses agentes devem, portanto, ser iniciados em baixas doses em idosos e titulados gradualmente, em especial naqueles com função renal reduzida. Embora alguns pacientes mais velhos possam não tolerar altas doses de IECA, doses baixas parecem menos eficazes na redução da mortalidade e hospitalização. Idosos com insuficiência cardíaca devem ter sua PA monitorada durante as duas primeiras semanas de terapia com IECA ou BRA, e sempre que a dose de IECA, BRA ou diurético for aumentada. Os diuréticos poupadores de potássio e os suplementos de potássio devem ser utilizados com precaução em doentes a receber IECA, com monitorização frequente dos eletrólitos, para evitar hipercalemia.

Bloqueadores dos receptores de angiotensina (BRA)

Os BRA bloqueiam os efeitos fisiológicos da angiotensina II diretamente no nível do receptor. Portanto, seus efeitos são semelhantes aos dos IECA. No entanto, os BRA estão associados a menos efeitos adversos do que os IECA, particularmente no que diz respeito à tosse. No estudo VALUE, a valsartana apresentou benefícios semelhantes em resultados cardiovasculares como o bloqueador de canal de cálcio anlodipino em mais de 15.000 pacientes com idade entre 55-80 anos[13].

A combinação de um BRA e um IECA deve ser evitada em razão de sua eficácia aditiva limitada e de um risco aumentado de disfunção renal e hipercalemia. Dados seus efeitos semelhantes aos IECA na antagonização do sistema renina-angiotensina, os BRA também demonstraram eficácia na redução da morbidade e mortalidade em pacientes idosos com insuficiência cardíaca sistólica.

Estatinas e ezetimiba

Numerosos estudos randomizados demonstraram que a terapia com estatinas reduz a incidência de eventos cardiovasculares tanto em populações aparentemente saudáveis como naquelas com doença cardiovascular conhecida. No entanto, os benefícios das estatinas para a prevenção primária são menos claros do que na prevenção secundária. Os resultados apoiam o uso de estatinas para reduzir eventos cardiovasculares em idosos com cardiopatia conhecida. Não é necessário ajustar a dose para doentes idosos. O efeito adverso mais comum observado com a terapia com estatinas é a mialgia, que ocorre em cerca de 5% dos pacientes. A miopatia é muito menos comum, ocorrendo em 0,01-0,05% dos pacientes. A rabdomiólise, o efeito adverso mais grave, tem uma incidência de 3,4 por 100.000 pessoas-ano[3]. A idade não é um fator de risco independente para essas complicações.

Como nos mais jovens, convém monitorar os níveis das enzimas hepáticas e da creatinofosfoquinase (CPK). As estatinas podem promover alterações nos níveis glicêmicos. Porém, a redução de riscos conferidos por esses fármacos supera os riscos relacionados a essas alterações. Apesar disso, recentemente surgiram propostas sugerindo a restrição no uso de estatinas para a prevenção primária de doença cardiovascular em grandes idosos.

Eventuais efeitos prejudiciais das estatinas sobre a cognição carecem de comprovação. Da mesma forma, a incidência de câncer não parece ser influenciada por elas.

O ezetimiba pode ser útil quando associado a uma estatina em pacientes com doença cardiovascular que apresentam intolerâncias às estatinas, ou que não podem atingir seu nível de LDL-C alvo com doses altas de estatina. Ezetimiba reduz a absorção de colesterol do intestino, geralmente reduzindo os níveis de LDL-C em 15-20%. O uso isolado desse medicamento ainda não mostrou evidências robustas na redução de desfechos relevantes.

No ensaio IMPROVE IT, um estudo duplo-cego randomizado envolveu 18.144 pacientes que tinham sido hospitalizados por uma síndrome coronariana aguda. A combinação de sinvastatina (40 mg) e ezetimiba (10 mg) (sinvastatina-ezetimiba) foi comparada com sinvastatina (40 mg) e placebo (sinvastatina em monoterapia). O desfecho primário foi um composto de morte cardiovascular, infarto do miocárdio não fatal, angina instável que requer re-hospitalização, revascularização miocárdica ou AVC não fatal. A mediana de seguimento foi de 6 anos. O nível médio de colesterol LDL médio ponderado no tempo durante o estudo foi de 53,7 mg por decilitro no grupo sinvastatina-ezetimiba, em comparação com 69,5 mg por decilitro no grupo de sinvastatina em monoterapia. A taxa de eventos para o desfecho primário aos 7 anos foi diferente, de 32,7% no grupo sinvastatina-ezetimiba, em comparação com 34,7% no grupo tratado com sinvastatina-monoterapia[14].

Fibratos e niacina

Os fibratos são utilizados sobretudo para reduzir níveis muito elevados dos triglicérides, persistentes mesmo após dieta adequada. Os dados que suportam o seu benefício na redução de eventos cardiovasculares são relativamente escassos. No VA-HIT, 2.351 homens, com idade média de 64 anos (77% com idade ≥ 60 anos), que apresentavam coronariopatia e baixos níveis de HDL-C, mas LDL-C normal, foram aleatoriamente designados para genfibrozila ou placebo. No final do seguimento (média de 5,1 anos), genfibrozila foi associada a uma redução de 24% na incidência de morte coronariana, IM não fatal ou acidente vascular cerebral[15].

O ensaio ACCORD[16] não conseguiu demonstrar uma redução significativa de eventos cardiovasculares com fenofibrato em adultos mais velhos com diabetes, recebendo sinvastatina. Embora os fibratos pareçam ser geralmente bem tolerados sozinhos ou combinados com estatinas, a combinação de genfibrozila e estatinas está associada a um risco aumentado de rabdomiólise (0,12%) e deve, portanto, ser evitada, em especial em idosos.

Assim como os fibratos, não há evidências robustas de que a niacina promova redução de riscos. Os efeitos adversos da niacina incluem rubor facial, alterações gastrointestinais, hipoglicemia e anormalidades da função hepática.

Antiplaquetários

Na última década, a antiagregação plaquetária múltipla foi considerada fundamental para o sucesso do tratamento das SCA e após o implante de *stents*. A ativação e agregação plaquetária ocorre por vias distintas, recomendando ação antiplaquetária em múltiplas vias.

O ácido acetilsalicílico (AAS) exerce sua ação por meio da acetilação da ciclo-oxigenase 1 (COX-1), inibindo, irreversivelmente, a enzima responsável pela conversão do ácido araquidônico em tromboxano A2. A redução da atividade do tromboxano A2 inibe a ativação, degranulação e agregação plaquetária. A redução de risco com uso de AAS na prevenção secundária da doença aterosclerótica, sobretudo coronária e cerebrovascular, é comprovada.

A aspirina mostrou-se eficaz na prevenção de eventos trombóticos cardiovasculares e cerebrovasculares em pacientes idosos. Há quase 20 anos sabe-se que a aspirina é altamente benéfica na redução da incidência de morte, IAM recorrente e acidente vascular cerebral, com maior benefício em idosos. Nas síndromes coronarianas agudas (SCA) foi capaz de reduzir o risco relativo de morte ou reinfarto em até 64%. Assim, nessas síndromes esse fármaco deve ser introduzido imediatamente após o diagnóstico em todos os pacientes na dose inicial de ataque de 162-325 mg, com subsequente dose de manutenção diária de 100 mg, e mantida indefinidamente. Deve ser evitado apenas em pacientes com antecedente de alergia ao fármaco, úlcera péptica hemorrágica ou sangramento ativo. Apesar do AAS ser uma medicação obrigatória nas SCA, altas taxas de hiperatividade plaquetária residual (até 30%) foram observadas em pacientes usuários de AAS.

Vale lembrar que o uso para a prevenção primária nos mais idosos deve ser muito cauteloso por conta do maior risco de efeitos adversos.

Os antiplaquetários tienopiridínicos incluem clopidogrel, prasugrel e ticagrelor. Exercem seu efeito por meio da inibição do receptor do ADP na superfície plaquetária.

O estudo CURE[17] analisou o efeito do clopidogrel associado à aspirina nas SCA sem supradesnível do segmento ST no eletrocardiograma. Um total de 12.562 pacientes, nas primeiras 24 horas do início dos sintomas, foram randomizados para receber clopidogrel *versus* placebo, associados à aspirina, por 3 a 12 meses. A associação reduziu em cerca de 20% o risco de eventos cardiovasculares combinados (IAM, morte cardiovascular e acidente vascular cerebral). A redução de risco relativo chegou a 30% nos pacientes submetidos a angioplastia com implante de *stents*. O benefício ocorreu em pacientes de baixo, médio e alto risco. Deve-se ressaltar que com alguma frequência pacientes apresentam resistência a esse fármaco, com prejuízo de sua eficácia.

Mais recentemente, inibidores de ADP com ação mais rápida e maior potência mostraram-se superiores ao clopidogrel. O prasugrel foi superior ao clopidogrel no estudo TRITON[18], avaliando pacientes após o infarto com e sem supradesnível de ST, com menores taxas de eventos combinados de reinfarto, trombose de *stent* e óbito. Entretanto, os sangramentos foram mais frequentes no grupo prasugrel nos pacientes acima de 75 anos, com AVC prévio, ou com baixo peso (< 60 kg).

O ticagrelor também foi superior ao clopidogrel em pacientes com SCA com redução do risco de reinfarto, trombose de *stent* e óbito, apesar de incremento discreto do risco de sangramento. Dispneia é um efeito adverso desse fármaco que merece a atenção, pois pode ser atribuída à presença de alguma doença e induzir a condutas inadequadas. Portanto, os novos inibidores de ADP podem ser considerados opções de primeira linha em casos de alto risco. Contudo, em pacientes com fatores que elevam o risco hemorrágico (muito idosos, mulheres, baixo peso, varfarina, insuficiência renal etc.), o clopidogrel é uma opção mais segura e viável. Em doentes idosos com fibrilação atrial que não podem tolerar a varfarina, pode ser utilizada aspirina mais clopidogrel, embora essa combinação seja menos eficaz na prevenção de eventos embólicos.

Nitratos

Essa classe de drogas causa vasodilatação em circulação coronária e periférica. Diminui a pré-carga, o volume diastólico final do ventrículo esquerdo e consequentemente o consumo miocárdico de oxigênio.

Apesar de não haver evidência de redução de mortalidade com o uso de nitratos, ainda são medicações de primeira escolha em pacientes com angina ou com insuficiência cardíaca.

Esse agente é administrado como comprimido sublingual e é absorvido rapidamente com efeitos hemodinâmicos ocorrendo dentro de 2 minutos. Os nitratos orais de ação prolongada são utilizados para prevenir angina recorrente e aumentam a tolerância ao exercício em pacientes com angina aos esforços. Em idosos devem ser iniciados em doses baixas e titulados em pequenos incrementos.

Podem causar cefaleia e hipotensão postural, que podem ser revertidos com diminuição da dose e analgésicos. Devem ser evitados em pacientes com hipotensão, infarto do ventrículo direito e uso recente (24 a 48 horas) de inibidores da fosfodiesterase (sildenafil, vardenafil ou tadalafil).

Digoxina

A digoxina inibe a ATPase de sódio-potássio, aumentando assim a contratilidade cardíaca e a concentração de cálcio intracelular por meio de troca de cálcio por sódio. Agindo dessa forma, a digoxina reduziu as internações por insuficiência cardíaca em aproximadamente 30% em 3 anos, entretanto a hospitalização por suspeita de toxicidade digital aumentou progressivamente com a idade de cerca de 1% nos entre 50 a 59 anos para 5,0% naqueles com 80 anos ou mais. É, portanto, recomendada em pacientes com insuficiência cardíaca sistólica que permaneçam sintomáticos em diuréticos, IECA e betabloqueadores. O fármaco é particularmente útil em pacientes idosos com insuficiência cardíaca e fibrilação atrial, nos quais essa droga pode ajudar a controlar a frequência cardíaca. No entanto, por conta da redução da água corporal e da função renal verificadas no envelhecimento propiciam a elevação dos níveis séricos que, quando superam 1,5 µg/mL, muitas vezes resultam em toxicidade. Assim, uma dose de manutenção mais baixa de 0,125 mg por dia é apropriada para a maioria dos pacientes idosos com insuficiência cardíaca sem disfunção renal. Diversos medicamentos cardiovasculares muitas vezes tomados por adultos mais velhos aumentam os níveis séricos de digoxina, incluindo quinidina, amiodarona, propafenona, verapamil, diltiazem e espironolactona. A hipocalemia, hipomagnesemia, hipercalcemia, hipoxia, acidose, hipotireoidismo e isquemia miocárdica aumentam o risco de toxicidade digital. Embora ela seja mais comumente manifestada por defeitos no ritmo cardíaco, também pode provocar distúrbios visuais, depressão e confusão, além de náuseas e vômitos.

Anticoagulantes orais

Anticoagulantes são eficazes na prevenção e no tratamento de doenças tromboembólicas. A varfarina é um antagonista da vitamina K empregado a longo tempo. Uma metanálise de estudos clínicos randomizados demonstrou que ela reduz o risco de acidente vascular cerebral em cerca de dois terços em idosos com fibrilação atrial não valvular quando comparada com o placebo. No entanto, a proporção de complicações hemorrágicas foi maior no grupo que utilizou o anticoagulante. Em outro estudo de 532 pacientes, a dose média de manutenção da varfarina para manter o índice normalizado internacional (INR) dentro da faixa terapêutica de 2 a 3 foi de 4,9 mg em pacientes com idade inferior a 75 anos, 4,0 mg para os idosos com 75-84 anos e 3,5 mg para aqueles com 85 anos de idade ou mais.[19] Idosos correm maior risco de sangramento durante a terapia anticoagulante em razão do aumento da rigidez vascular e da fragilidade endotelial. Além disso, pacientes mais velhos que recebem vários medicamentos estão em risco de interações medicamentosas que podem aumentar o risco de sangramento. Assim, em idosos, o INR deve em geral ser mantido perto do limite inferior do intervalo terapêutico a fim de evitar sangramentos.

Recentemente, surgiram os novos anticoagulantes orais. Incluem os inibidores orais do fator Xa, rivaroxabana e o apixabana e o inibidor da trombina dabigatrana. Esse agentes têm mostrado benefício na prevenção da trombose venosa profunda após cirurgia ortopédica de grande porte. Em pacientes com fibrilação atrial mostraram eficácia semelhante à varfarina na prevenção de tromboembolismo, com taxas mais baixas de hemorragias graves em adultos mais velhos.[20-23]

Da mesma forma que a varfarina, o uso desses agentes deve considerar redução na eliminação e interação com outros fármacos.

Bloqueadores alfa-adrenérgicos

Os bloqueadores alfa-adrenérgicos dilatam a parede arterial bloqueando os efeitos vasoconstritores dos receptores alfa-adrenérgicos. Embora sejam eficazes na redução da pressão arterial, os alfabloqueadores podem causar hipotensão postural, especialmente em pacientes que recebem outros vasodilatadores ou diuréticos. Além disso, a doxazosina pode aumentar em até 25% o risco de desfechos cardiovasculares e de insuficiência cardíaca quando comparada com a clortalidona. Esses achados, juntamente ao seu perfil de efeitos adversos, atenuaram o entusiasmo pelo uso de alfabloqueadores em idosos, particularmente como monoterapia.

Os fármacos anti-hipertensivos de ação central, como a clonidina, a metildopa e a reserpina, não são em geral recomendados nos idosos porque têm sido associados a uma elevada incidência de sedação e podem precipitar ou exacerbar a depressão. Se necessário, esses agentes podem ser utilizados num regime de combinação, tipicamente com diuréticos, para maximizar o controle pressórico.

Reposição de testosterona

A testosterona é o principal hormônio sexual masculino. À medida que os homens envelhecem, os seus níveis normalmente caem. Os sintomas de sua redução incluem diminuição da libido, instabilidade vasomotora e diminuição da densidade mineral óssea. Outros sintomas podem incluir alterações do sono, sudorese, depressão, fadiga, disfunção erétil e redução da força e da massa muscular, anemia e aumento da gordura corporal.

O grau de especificidade das manifestações clínicas associadas à diminuição de testosterona é variável. Entre as mais específicas podem ser incluídas alterações de função sexual (libido e função erétil), composição corporal, massa e força muscular e massa óssea. Distúrbios de humor e energia física, cognição e metabolismo glicêmico seriam os menos específicos. As manifestações mais específicas facilitam tanto o diagnóstico como a comprovação do efeito benéfico do tratamento de reposição com testosterona.

Em pacientes com níveis limítrofes e manifestação pouco específica, como depressão, por exemplo, é necessário analisar o que está acontecendo na vida do homem, considerando sua idade e outros fatores. Pode-se repetir a dosagem de testosterona várias vezes e decidir se deve-se fazer a reposição, lembrando que pode haver efeito placebo.

Considera-se que a obesidade seja um fator de risco para o hipogonadismo e vice-versa. Vários registros mostram que 50% dos homens obesos apresentam hipogonadismo e que 50 a 70% dos homens com hipogonadismo são obesos.

A deficiência de testosterona reduz o estímulo para a diferenciação dos adipócitos e dos miócitos. Em decorrência disso, ocorre acúmulo de gordura visceral e redução da massa muscular. Tais alterações promovem a resistência à insulina, que abre as portas para o diabetes tipo 2 e a síndrome metabólica. Consequentemente, a resistência à insulina contribui para o enrijecimento das grandes artérias e modificações endoteliais que elevam a pressão arterial e predispõem à aterosclerose.

De fato, estudos epidemiológicos mostram que baixos níveis de testosterona são associados a mais aterosclerose, doença arterial coronariana e eventos cardiovasculares. Por outro lado, apesar de o tratamento do hipogonadismo nos idosos ter mostrado benefícios metabólicos, não há dados conclusivos sobre a redução de eventos cardiovasculares. Alguns dados sugerem que a testosterona pode ter um papel no tratamento da insuficiência cardíaca, angina e isquemia miocárdica[24].

Um grande corpo de evidências científicas e clínicas acumuladas ao longo de várias décadas revelou uma ampla relação entre níveis de testosterona e saúde cardiovascular. Contudo, recentemente estudos sugeriram um aumento dos riscos cardiovasculares associados com a sua prescrição. Houve grande repercussão na mídia, uma solicitação de revisão do perfil de segurança pela Food and Drug Administration (FDA). No entanto, os estudos que embasaram essas recomendações da FDA apresentaram limitações metodológicas importantes e não parecem fornecer provas de um risco aumentado, conforme a maioria dos especialistas e da própria FDA e da European Medicines Agency (EMA)[25-27]. Dessa forma, um grande estudo prospectivo de longo prazo, que analise efeitos da reposição com testosterona sobre eventos cardiovasculares, ainda se faz necessário.

Enfim, o tratamento da reposição com testosterona não pode ser considerado uma panaceia para a maioria dos homens ou um recurso antienvelhecimento (aliás, expressão proscrita). A prescrição deve ser criteriosa, respeitando recomendações e cuidados quanto a contraindicações e efeitos adversos (Quadro 4)[28].

Recomenda-se acompanhamento clínico e laboratorial aos 3, 6 e 12 meses após o início do tratamento e a seguir anualmente, com atenção especial aos níveis de pressão arterial, saúde da próstata por conta do risco de câncer (apesar de contestado por alguns autores), níveis séricos de testosterona, para evitar doses insuficientes ou suprafisiológicas e hematócrito, em razão do risco de poliglobulia.

Quadro 4 Contraindicações e ponderações para a prescrição de testosterona segundo as diretrizes da The Endocrine Society[28]

Contraindicações da reposição com testosterona
Risco muito alto de eventos adversos
▪ Câncer de próstata metastático
▪ Câncer de mama
Risco moderado para alto de eventos adversos
▪ Nódulo ou enrijecimento prostático não esclarecido
▪ PSA > 4 ng/mL (> 3 ng/mL em indivíduos de alto risco para câncer de próstata)
▪ Hematócrito > 50%
▪ Hipertrofia de próstata muito sintomática
▪ ICC não controlada
Ponderações para a indicação da reposição em idosos
▪ Lembre-se: há discordância entre especialistas pela falta de evidências fortes sobre a eficácia e segurança da reposição de testosterona
▪ Sintomas inespecíficos muitas vezes são imputados aos níveis séricos baixos de testosterona, mas na verdade podem ser relacionados com idade ou fatores psicossociais
▪ Médicos e pacientes devem compartilhar os riscos e benefícios da reposição com testosterona
▪ Sugere-se alcançar com a reposição níveis de testosterona no limite inferior da normalidade em homens jovens (40-500 ng/dL)

REFERÊNCIAS BIBLIOGRÁFICAS

1. Soares BC. Síntese de Indicadores Sociais (SIS). Disponível em: http://www.brasil.gov.br/economia-e-emprego/2016/12/em-10-anos-cresce-numero-de-idosos-no-brasil. 2016.
2. Benjamim E. Heart disease and stroke statistics – 2017 update: a report from the American Heart Association Statistics Committee and Stroke Statistics Subcommittee. Circulation. 2017;135(12):e1-e459.
3. Fleg JL, Aronow WS, Frishman WH. Cardiovascular drug therapy in the elderly: benefits and challenges. Nature Reviews Cardiology. 2011;8:13-28.
4. Wright JT Jr, Williamson JD, Whelton PK, Snyder JK, Sink KM, Rocco MV; for the SPRINT Research Group. A randomized trial of intensive versus standard blood-pressure control. NEJM. 2015;373(22):2103-2116.
5. SHEP Cooperative Research Group. Prevention of stroke by antihypertensive drug treatment in older persons with isolated systolic hypertension: final results of the Systolic Hypertension in the Elderly Program (SHEP). JAMA. 1991;265:3255-64.
6. Staessen JA, Fagard R, Thijs L, Celis H, Arabidze GG, Birkenhäger WH, et al. Randomised double-blind comparison of placebo and active treatment for older patients with isolated systolic hypertension. Lancet. 1997;350:757-64.
7. Beckett NS, Peters R, Fletcher AE, Staessen JA, Liu L, Dumitrascu D, et al. Treatment of hypertension in patients 80 years of age or older. N Engl J Med. 2008;358:1887-98.

8. Cushman WC, Evans GW, Byington RP, Goff DC Jr, Grimm RH Jr, Cutler JA; for the ACCORD Study Group. Effects of intensive blood-pressure control in type 2 diabetes mellitus. N Engl J Med. 2010;362:1575-85.
9. Jessup M, Abraham WT, Casey DE, Feldman AM, Francis GS, Ganiats TG. 2009 focused update: ACCF/AHA guidelines for the diagnosis and management of heart failure in adults. A report of the American College of Cardiology Foundation/American Heart Association Task Force on Practice Guidelines. Developed in collaboration with the International Society for Heart and Lung Transplantation. Circulation. 2009;119:1977-2016.
10. Dargie HJ. Effect of carvedilol on outcome after myocardial infarction in patients with left-ventricular dysfunction: the CAPRICORN randomised trial. Lancet. 2001;357:1385-1390.
11. Packer M, Coats AJS, Fowler MB, Katus HA, Krum H, Mohacsi P; for the Carvedilol Prospective Randomized Cumulative Survival Study Group. Effect of carvedilol on survival in chronic heart failure. N Engl J Med. 2001;344:1651-8.
12. The CONSENSUS Study Group. Effect of enalapril on mortality in severe congestive heart failure: results of the Cooperative North Scandinavian Enalapril Survival Study (CONSENSUS). N Engl J Med. 1987;316:1429-35.
13. Julius S, Kjeldsen SE, Weber M, Brunner HR, Ekman S, Hansson L, et al.; for the VALUE trial group. Outcomes in hypertensive patients at high cardiovascular risk treated with regimens based on valsartan or amlodipine: the VALUE randomised trial. Lancet. 2004;363:2022-31.
14. Cannon CP, Blazing MA, Giugliano RP, McCagg A, White JA, Theroux P. Ezetimibe added to statin therapy after acute coronary syndromes. NEJM. 2015;372;25.
15. Rubins HB, Robins SJ, Collins D, Fye CL, Anderson JW, Elam MB. Gemfibrozil for the secondary prevention of coronary heart disease in men with low levels of high density lipoprotein cholesterol. Veterans Affairs High-Density Lipoprotein Cholesterol Intervention Trial Study Group. N Engl J Med. 1999;341:410-8.
16. Ginsberg HN, Elam MB, Lovato LC, Crouse JR 3rd, Leiter LA, et al; for the ACCORD Study Group. Effects of combination lipid therapy in type 2 diabetes mellitus. N Engl J Med. 2010;362:1563-74.
17. Peters RJ, Mehta SR, Fox KA, Zhao F, Lewis BS, Kopecky SL; for the Clopidogrel in Unstable angina to prevent Recurrent Events (CURE) Trial Investigators. Effects of aspirin dose when used alone or in combination with clopidogrel in patients with acute coronary syndromes. Circulation. 2003;108:1682-7.
18. Wiviott SD, Braunwald E, McCabe CH, Montalescot G, Ruzyllo W, Gottlieb S; for the TRITON-TIMI 38 Investigators. Prasugrel versus clopidogrel in patients with acute coronary syndromes. N Engl J Med. 2007;357:2001-15.
19. Singla DA, Morrill GB. Warfarin doses in the very elderly. Am J Health Syst Pharm. 2005;62:1062-6.
20. Granger CB, Alexander JH, McMurray JJV, Lopes RD, Hylek EM, Hanna M. Apixaban versus warfarin in patients with atrial fibrillation. N Engl J Med. 2011;365:981-92.
21. Connolly SJ, Ezekowitz MD, Phil D, Yusuf S, Eikelboom J, Oldgren J. Dabigatran versus warfarin in patients with atrial fibrillation. N Engl J Med. 2009;361:1139-51.
22. Patel MR, Mahaffey KW, Garg J, Pan G, Singer DE. Rivaroxaban versus warfarin in patients with non-valvular atrial fibrillation. N Engl J Med. 2011;365: 883-91.
23. Holbrook A, Dormuth C, Morrow R, Lee A, Troyan S, Li G, Pullenyegum E. Comparative effectiveness and safety of oral anticoagulants for atrial fibrillation in real-world practice: a population-based cohort study protocol. BMJ. 2016;6(11):e013263.
24. Kloner RA, Carson C, Dobs A, Kopechy S, Mohler ER. Testosterone and cardiovascular disease. J Am Coll Cardiol. 2016;67:545-57.
25. Gencer B, Mach F. Testosterone: a hormone preventing cardiovascular disease or a therapy increasing cardiovascular events? Eur Heart J. 2016;37:3569-75.
26. Reiner Z, Catapano AL, De Backer G, Graham I, Taskinen MR, Wiklund O, et al. ESC/EAS guidelines for the management of dyslipidaemias: the task force for the management of dyslipidaemias of the European Society of Cardiology (ESC) and the European Atherosclerosis Society (EAS). Eur Heart J. 2011;32:1769-818.
27. Braun SR. Promoting "low t": a medical writer's perspective. JAMA Intern Med. 2013;173:1458-60.
28. Bahsin S, Cunningham GR, Hayes FJ, Matsumoto AM, Snyder PJ, Swerdloff RS. Testosterone therapy in men with androgen deficiency syndromes: an Endocrine Society Clinical Practice Guideline. J Clin Endocrinol Metab. 2010;95:2536-59.

CAPÍTULO 7

Terapia hormonal e risco cardiovascular

Jose Mendes Aldrighi
James Coelho

O climatério é um período de vida da mulher que inclui duas fases. A primeira, denominada transição menopausal, com início aos 37 anos e término na última menstruação da vida é conhecida como menopausa e, segundo nossos estudos, ocorre em média aos 48,6 anos. A segunda fase do climatério, chamada de pós-menopausa, começa na data de instalação da menopausa e se estende até o final da vida da mulher.

A partir da transição menopausal, portanto acima de 37 anos, ocorre progressiva redução na produção dos hormônios ovarianos (estrogênio e progesterona), o que redunda em irregularidades menstruais, queda da fertilidade, acúmulo de gordura abdominal e sintomas desconfortáveis como secura vaginal, ondas de calor, depressão e insônia. Após a menopausa, com a queda total na produção de estrogênios pelos ovários, além desses sintomas desconfortáveis, as mulheres expressam maior risco de doenças estrogênio-relacionadas, como osteoporose, cognitivas e cardiovasculares.

Atualmente, a principal indicação da terapia hormonal (TH) reside no tratamento das ondas de calor e da atrofia vaginal, mas, como em todas as medicações, a TH exibe riscos e contraindicações. Entre os riscos, destacam-se os cânceres de mama e endométrio, além do tromboembolismo venoso; entre as contraindicações estão incluídas a doença hepática descompensada, os cânceres de mama e endométrio, as lesões precursoras do câncer de mama, a porfiria, o sangramento vaginal de causa desconhecida, as doenças coronariana/cerebrovascular, a doença trombótica ou tromboembolismo venoso, o lúpus eritematoso sistêmico e o meningeoma.

As ondas de calor acometem cerca de 50% das mulheres até 4 anos após o início da menopausa, e em aproximadamente 23% dos casos os sintomas persistem até 13 anos após a última menstruação[1]. Por isso, é de extrema importância que os clínicos tenham domínio das estratégias existentes para o tratamento desse sintoma, que não inclui somente a TH, mas também o uso de outros fármacos, como antidepressivos, anticonvulsivantes, anti-hipertensivos e até mesmo outras alternativas como acupuntura, Yoga e homeopatia. No entanto, a terapêutica considerada padrão-ouro para os sintomas vasomotores/ondas de calor continua sendo a TH, visto que as diminui em 77%, além de reduzir também sua intensidade[2]. Entretanto, cabe lembrar que a melhora dos sintomas só poderá ser evidenciada entre 4 e 6 semanas após o início do tratamento. Para as pacientes com útero, sempre está indicada a terapêutica combinada com estrogênio e progestogênio, visando à proteção endometrial e, naquelas histerectomizadas, pode ser prescrito somente o estrogênio.

Recentemente, inúmeros artigos têm referido, além da redução das ondas de calor, outros benefícios, como melhora da memória, qualidade do sono e de vida, preservação da densidade mineral óssea, melhora da pele, da vida sexual e de dores articulares e a proteção cardiovascular. Apesar dessas evidências, a totalidade das sociedades científicas recomendam o tratamento hormonal apenas para as ondas de calor[3-6].

As repercussões da TH sobre o sistema cardiovascular da mulher têm sido motivo de inúmeras discussões e controvérsias na literatura. Por isso, para uma melhor compreensão do tema, será feita inicialmente uma revisão histórica e ao final abordaremos as novas evidências sobre esse assunto.

O primórdio científico da TH teve como destaque os estudos observacionais que demonstraram o efeito cardioprotetor nas mulheres que utilizavam estrogênio associado ao progestogênio (E+P) ou apenas o estrogênio isolado (E). Um dos estudos mais marcantes foi o *The Nurses' Health Study*[7] que ao acompanhar 59.337 mulheres observou redução de 40% da doença arterial coronariana nas usuárias de TH. Outros estudos observacionais também confirmaram esse efeito cardioprotetor, porém muitas foram as críticas no tocante à metodologia dessas coortes, uma vez que nelas se identificaram diversos vieses que poderiam gerar confusão no resultado final, como a prescrição de hormônio canalizada, na maioria das vezes, para mulheres que apresentavam um estilo de vida mais saudável.

Após as hipóteses iniciais dos benefícios cardiovasculares da TH desvelados pelos estudos observacionais, seguiu-se um refinamento na metodologia da pesquisa por meio de ensaios clínicos randomizados duplo-cegos para melhor elucidar essas hipóteses. Surgiram, então, outros estudos marcantes, como o *Heart and Estrogen/Progestin Replacement Study* (HERS)[8] e o *Women Health Initiative* (WHI)[9]. O primeiro tinha como objetivo a avaliação da prevenção secundária de eventos cardiovasculares, e o achado mais surpreendente foi um aumento de 52% nos eventos coronarianos fatais e não fatais, principalmente no primeiro ano de uso dos hormônios. No seguimento de 4,1 anos não se evidenciou qualquer efeito protetor cardiovascular nas usuárias de TH e no seguimento de 6,8 anos, publicado com a sigla HERS II[10], também não se demonstrou qualquer efeito tardio cardioprotetor do uso prolongado da TH. Esses dois estudos foram muito criticados em razão da idade elevada das participantes, em torno de 67 anos.

O maior ensaio clínico sobre o tema foi o WHI publicado em 2002, no qual foram estudadas mulheres saudáveis no período pós-menopausa. Os dados iniciais foram publicados com 5,2 anos de seguimento, quando o estudo foi cancelado por conta do aumento dos casos de câncer de mama no grupo de tratamento com estrogênio equino conjugado associado a acetato de medroxiprogesterona. Além desse desfecho negativo constatou-se ainda aumento médio de 29% dos eventos cardiovasculares, que na sua maioria foram eventos coronarianos não fatais e não foi constatada diferença nas taxas de mortalidade entre o grupo tratado com TH e o placebo. Ademais, no grupo tratado com TH ocorreu aumento em 41% dos casos de acidente vascular cerebral, na sua totalidade não fatal, principalmente nos primeiros 2 anos de uso da medicação. O WHI tinha também um outro braço que utilizava apenas o estrogênio equino conjugado isolado e que teve sua interrupção aos 6,8 anos de acompanhamento, quando se notou aumento de acidentes vasculares cerebrais no grupo tratado com TH.

Mais uma vez, a principal crítica ao estudo foi a média de idade das pacientes estudadas (63 anos), visto que boa parte delas já poderia estar apresentando uma aterosclerose assintomática e que com o uso de estrogênio poderia ocorrer uma ruptura da placa, com a eclosão de um fenômeno isquêmico coronariano ou cerebral. Com isso, o foco das pesquisas passou a ser um período etário imediatamente após a menopausa e abaixo de 60 anos. Assim, numa reanálise dos dados do WHI em usuárias de TH entre 50 e 59 anos constatou-se redução significativa da mortalidade, principalmente no período de até 10 anos após a menopausa[5], que foi denominado de "janela de oportunidade", período em que estariam agregados os benefícios de redução das ondas de calor juntamente à proteção cardiovascular.

Colaborando com essa nova visão sobre o início da terapêutica foram publicados dois importantes estudos: o *Kronos Early Estrogen Prevention Study* (KEEPS) e o *Early vs Late Intervention Trial with Estradiol* (ELITE)[11].

No KEEPS[12] foram acompanhadas 727 mulheres com média etária de 52,7 anos submetidas a TH com dois tipos de estrogênios: o equino conjugado, na dose 0,45 mg/dia e o *patch* de estradiol transdérmico com liberação de 50 μg/dia, ambos associados à progesterona micronizada por 12 dias do mês. Todas as usuárias foram submetidas a técnicas não invasivas de avaliação da coronária e carótidas e os achados iniciais foram animadores, pois não foi observada progressão da lesão aterosclerótica e, nos casos em que ocorreu, foi apenas discreta. Entretanto, esses achados não foram diferentes do grupo controle e, por isso, somente estudos em longo prazo poderão definir o real benefício desses achados e se de fato ocorre a proteção cardiovascular.

No ELITE[13] foram estudadas 663 mulheres com o intuito de confirmar o conceito da "janela de oportunidade". Todas foram acompanhadas e tratadas com 1 mg de 17-β-estradiol desde o início da menopausa, e após 6 anos se constatou redução de 50% na taxa de crescimento da placa aterosclerótica, por meio da medida da espessura da íntima da carótida em relação ao placebo; entretanto, também ainda são resultados preliminares e, por isso, são necessários mais estudos para confirmação e consolidação desses resultados.

Em março de 2017, no Colégio Americano de Cardiologia, Yoav Arnson do Cedars (Sinai Medical Center) apresentou um estudo retrospectivo que reforçou os benefícios cardiovasculares da TH. Sua casuística incluiu 4.200 mulheres avaliadas no período de 1998 a 2012. Todas foram submetidas a avaliação do escore de cálcio nas coronárias por meio da tomografia computadorizada. Os resultados mostraram que 41% eram usuárias de TH (média de 64 anos), que foram confrontadas com não usuárias (média de 60 anos). O grupo tratado com TH apresentou redução de 30% no risco de morte, 20% mostrou escore de cálcio zero e 36% revelou menores chances de ter um escore acima de 399 (indicativo de grave aterosclerose e alto risco de ataque cardíaco). Apesar desses resultados, os autores insistem na necessidade de estudos prospectivos ou randomizados para confirmar que grupos de mulheres poderiam ser mais beneficiados.

Assim, da análise atenta desses estudos se depreende a necessidade de outros que devem incluir um maior tempo de seguimento. No entanto, apesar disso se supõe que por ora a introdução de hormônio em mulheres sintomáticas após a menopausa pode resultar em benefício cardiovascular, desde que prescrita até 10 anos da instalação da menopausa – última menstruação da vida da mulher – e nunca em pacientes acima de 60 anos.

Para se ter em conta essa diferença na sua análise, os investigadores realizaram ajustamentos estatísticos e também avaliaram os resultados para os diferentes grupos etários, divididos em intervalos de 5 anos. Após contabilização da idade, escore de cálcio coronário e fatores de risco cardiovascular, incluindo diabetes, pressão alta e colesterol alto, as mulheres que usam terapia de reposição hormonal foram, em geral, 30% menos propensas a morrer do que aquelas que não usavam TH. As mulheres que usam terapia de reposição hormonal também foram 20% mais propensas a ter um escore de cálcio coronariano de zero (a pontuação mais baixa possível, indicando uma baixa probabilidade de ataque cardíaco) e 36% menos probabilidade de ter uma pontuação de cálcio coronariano acima de 399. "A terapia de reposição hormonal resultou em menor aterosclerose e melhorou a sobrevivência para todas as faixas etárias e para todos os níveis de cálcio coronário", disse Arnson. "A partir disso, acho que é benéfico, mas precisamos de estudos prospectivos ou randomizados para determinar quais grupos não podem se beneficiar ou mesmo ser prejudicados por essa terapia."

REFERÊNCIAS BIBLIOGRÁFICAS

1. Col NF, Guthrie JR, Politi M, Dennerstein L. Duration of vasomotor symptoms in middle-aged women: a longitudinal study. Menopause. 2009;16(3):453-7.
2. Maclennan AH, Broadbent JL, Lester S, Moore V. Oral oestrogen and combined oestrogen/progestogen therapy versus placebo for hot flushes. Cochrane Database Syst Rev. 2004;18(4):CD002978.
3. Lisabeth L, Bushnell C. Stroke risk in women: the role of menopause and hormone therapy. Lancet Neurol. 2012;11(1):82-91.
4. Lyytinen H, Pukkala E, Ylikorkala O. Breast cancer risk in postmenopausal women using estradiol-progestogen therapy. Obstet Gynecol. 2009;113(1):65-73.
5. North American Menopause Society. The 2012 hormone therapy position statement of The North American Menopause Society. Menopause. 2012;19(3):257-71.
6. Santen RJ, Allred DC, Ardoin SP, Archer DF, Boyd N, Braunstein GD, et al.; Endocrine Society. Postmenopausal hormone therapy: an Endocrine Society scientific statement. J Clin Endocrinol Metab. 2010;95(7Suppl1):s1-s66.
7. Grodstein F, Stampfer MJ, Manson JE, Colditz GA, Willett WC, Rosner B, et al. Postmenopausal estrogen and progestin use and the risk of cardiovascular disease. N Engl J Med. 1996;335:453-61.
8. Hulley S, Grady D, Bush T, Furberg C, Herrington D, Riggs B, et al. Randomized trial of estrogen plus progestin for secondary prevention of coronary heart disease in postmenopausal women – HERS Study. JAMA. 1998;280:605-13.
9. Writing Group for the Women's Health Initiative Investigators. Risks and benefits of oestrogen plus progestin in health postmenopausal women: principal results from the Women's Health Initiative randomized controlled trial. JAMA. 2002;288:321-33.
10. Grady D, Herrington D, Bittner V, Blumenthal R, Davidson M, Hlatky M, et al. Cardiovascular disease outcomes during 6.8 years of hormone therapy: heart and estrogen/pregestin replacement study follow-up (HERS II). JAMA. 2002;288:49-57.
11. Rossouw JE, Prentice RL, Manson JE, Wu L, Barad D, Barnadei VM, et al. Postmenopausal hormone therapy and risk of cardiovascular disease by age and years since menopause. JAMA. 2007;297(13):1465-77.
12. Kronos Early Estrogen Prevention Study. Disponível em: http://www.keepstudy.org/.
13. Hodis HN, Mack WJ, Shoupe D, Azen SP, Stanczyk FZ, Hwang-Levine J, et al. Testing the menopausal hormone therapy timing hypothesis: the Early Vs Late Intervention Trial with Estradiol. Circulation. 2014;130:A13283.

CAPÍTULO 8

Peculiaridades dos métodos diagnósticos em idosos: eletrocardiograma

Carlos Alberto Rodrigues de Oliveira
Horacio Gomes Pereira Filho
Ivana Antelmi Cuninghant

INTRODUÇÃO

A população brasileira na atualidade apresenta uma rápida mudança do seu perfil etário, com significativo envelhecimento: estima-se que a população de pessoas com mais de 65 anos no país passe de 18 milhões de indivíduos (8,5% da população total em 2017) para cerca de 30 milhões em 2030 (13,5%)[1]. Tal mudança ocorre pela associação de fatores como queda na taxa de natalidade e aumento na expectativa de vida média, este por sua vez resultado do desenvolvimento tecnológico da medicina, combate às doenças infecciosas e melhorias em saneamento e nutrição. Em decorrência desse processo, há aumento considerável na prevalência de doenças cardiovasculares crônicas como a cardiopatia isquêmica, a hipertensão arterial sistêmica e a insuficiência cardíaca. Uma característica importante dessa faixa etária é sua heterogeneidade, na qual idosos de uma mesma idade podem ter condições clínicas diversas, decorrentes de fatores sociais, econômicos e doenças associadas.

Com o avanço da idade, o coração e os vasos sanguíneos sofrem alterações de características morfológicas e teciduais. Há diminuição da influência do sistema nervoso simpático sobre o coração e os vasos do idoso, principalmente durante o exercício. Com o aumento da idade ocorre uma redução de receptores beta-adrenérgicos, redução da sensibilidade e da resposta a estímulos parassimpáticos nos tecidos cardíaco e vascular e diminuição da variabilidade da frequência cardíaca, as quais podem resultar em alterações eletrocardiográficas. Contudo, a frequência cardíaca em repouso em idosos saudáveis não se altera com a idade. À medida que a idade avança, o aumento do débito cardíaco durante o esforço é obtido por meio de mecanismo de dilatação cardíaca, o que corresponde a uma maneira de aumentar o volume sistólico, para compensar o componente da menor elevação da frequência cardíaca observada nos idosos. Ressaltam-se ainda alterações que ocorrem sobre o sistema de condução do coração senil, que pode apresentar redução no número de células, fibrose, calcificações e processos de esclerose degenerativos. O miocárdio, ainda com maior acúmulo de gordura, atrofia ou hipertrofia concêntrica, apresenta diminuição do consumo de oxigênio (VO_2 máximo) frente ao exercício, o que por sua vez reduz a sensibilidade e a especificidade do teste ergométrico para o diagnóstico de isquemia miocárdica.

O ELETROCARDIOGRAMA EM IDOSOS

Em idosos, o eletrocardiograma é considerado exame de fundamental importância como método inicial e complementar na avaliação cardiológica. Idosos saudáveis podem apresentar traçados eletrocardiográficos compatíveis com a normalidade, porém a grande maioria apresenta alterações decorrentes do processo de envelhecimento ou alterações secundárias a processos patológicos. A interpretação do eletrocardiograma não se altera com o envelhecimento e não existem padrões de normalidade definidos para essa faixa etária. A diferenciação entre alterações eletrocardiográficas decorrentes do processo normal do envelhecimento e alterações secundárias às doenças cardíacas existentes nem sempre é possível (Figura 1).

Achados eletrocardiográficos em idosos isolados de bradicardia sinusal, bloqueio atrioventricular de primeiro grau discreto, desvio do eixo elétrico do complexo QRS para a esquerda e diminuição da amplitude do complexo QRS não significam, necessariamente, presença de doença de base concomitante e não têm valor prognóstico estabelecido (Figura 2).

Como dito acima, o envelhecimento produz modificações no sistema nervoso autonômico. A bradicardia sinusal por doença do nó sinusal aumenta de incidência com a idade em função de alterações do nó sinusal, do tecido perinodal e do descontrole neurogênico da frequência cardíaca provocados pelo envelhecimento; é encontrada mais frequentemente em indivíduos acima de 75 anos. A variabilidade da frequência cardíaca encontra-se diminuída nos idosos em ambos os sexos e está associada a maior morbidade e mortalidade.

A prevalência de bloqueio atrioventricular de primeiro grau aumenta com a idade, e é alta em idosos sem cardiopatia estrutural, com prevalência de 35% na faixa etária acima dos 80 anos, decorrente da doença degenerativa no sistema de condução com aumento de tecido colágeno e gorduroso em torno do nó sinusal. Desvios do eixo elétrico QRS para a esquerda no plano frontal são encontrados com grande frequência em idosos e podem ser decorrentes de problemas posturais, deformidades da coluna vertebral como escoliose, rebaixamento da cúpula frênica e aumento do diâmetro anteroposterior do tórax. Desvios de eixo elétrico além de -30 graus sugerem doença cardíaca existente.

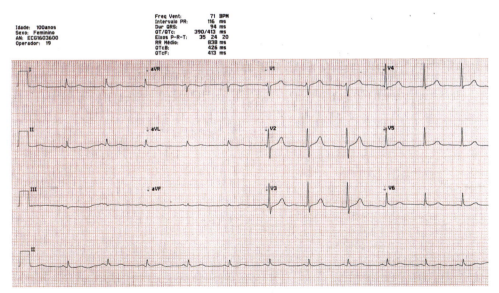

Figura 1 Eletrocardiograma de paciente do sexo feminino, com 100 anos de idade, com registro dentro da normalidade para a faixa etária.

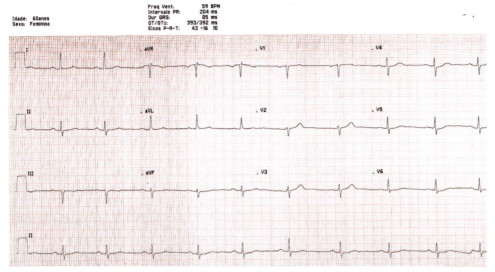

Figura 2 Eletrocardiograma de paciente do sexo feminino, de 61 anos de idade, evidenciando ritmo sinusal, intervalo PR no limite superior da normalidade (200 ms), desvio do eixo elétrico no plano frontal para cima e para a esquerda (ao redor de −15 graus). Considerado dentro dos limites da normalidade para a faixa etária.

A diminuição da amplitude dos complexos QRS observada em idosos pode ser explicada pelas mudanças no miocárdio decorrentes do envelhecimento, caracterizadas pelas mudanças na matriz extracelular, com aumento do colágeno, perda celular, diminuição do número de miócitos, aumento do depósito de gordura, além de outros fatores extracardíacos e aumento da distância entre o coração e a parede torácica (Figura 3).

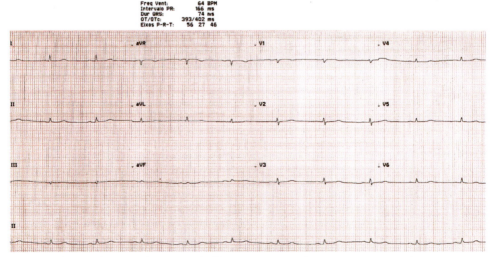

Figura 3 Eletrocardiograma de paciente de 75 anos, sexo masculino, em que notamos de maneira difusa baixa voltagem de complexos QRS tanto no plano frontal quanto horizontal.

ALTERAÇÕES ELETROCARDIOGRÁFICAS MAIS PREVALENTES OBSERVADAS EM IDOSOS

O *Cardiovascular Health Study* analisou a prevalência das principais alterações eletrocardiográficas em uma população de 5.150 indivíduos (2.940 do sexo feminino), com ou sem antecedentes de doença coronária ou hipertensão arterial sistêmica, com idade superior a 65 anos. As principais alterações eletrocardiográficas descritas foram: os distúrbios da condução intraventricular (8,7%), alterações da repolarização ventricular (6,3%), presença de ondas Q/QS (5,2%), sobrecarga ventricular esquerda (4,2%), fibrilação atrial (3,2%) e bloqueio atrioventricular de primeiro grau (5,3%). A prevalência dessas alterações foi frequente, estando presente em 35% no sexo masculino e em 25% no sexo feminino e foram três vezes mais frequentes nos indivíduos com idade igual ou maior do que 85 anos, quando comparados à faixa etária entre 65 e 69 anos. Ondas Q/QS foram encontradas em 5,2% da população estudada, porém mais da metade em indivíduos que não relataram infarto do miocárdio prévio[2].

A prevalência de alterações eletrocardiográficas em uma população nacional[3] de 1.524 idosos (921 do sexo feminino) com idade superior a 65 anos (sendo menos de um terço dos indivíduos com idade superior a 75 anos) em indivíduos saudáveis e hipertensos (80%) foi a presença de Q/QS (12,1%), bloqueio de ramo esquerdo (3,1%) e fibrilação atrial (2,4%). A prevalência é menor quando comparada aos dados basais do estudo de coorte *The Cardiovascular Health Study*.

Em vista disso, conclui-se que o coração do idoso se caracteriza, do ponto de vista eletrocardiográfico, por intervalo PR prolongado, desvio do eixo elétrico do QRS para a esquerda no plano frontal, alterações inespecíficas da repolarização ventricular e maior propensão a alterações patológicas como fibrilação atrial e bloqueio de ramo esquerdo.

VALOR PROGNÓSTICO DO ELETROCARDIOGRAMA

As alterações eletrocardiográficas descritas acima não são frequentes em idosos sem cardiopatia e quando presentes estão associadas ao aumento da morbidade e mortalidade cardíaca. O valor prognóstico das alterações eletrocardiográficas em idosos saudáveis foi verificado em 2.192 indivíduos na faixa etária entre 70 e 79 anos, acompanhados por um período de 8 anos, constatando que a presença de alterações eletrocardiográficas aumenta o risco para evento cardiovascular, quando comparados aos indivíduos com eletrocardiograma normal. Na presença de alterações eletrocardiográficas menores o risco foi de 35%, enquanto em alterações maiores o risco foi 51% maior[4].

Esses achados foram comparados e observados no *Seven Countries Study*, que acompanhou 697 homens com idade superior a 65 anos, por 5 anos, e verificou que a presença da análise isolada das alterações eletrocardiográficas (presença de onda Q, depressão do segmento ST e alterações da onda T) está associada a risco mais elevado de eventos coronários e aumento da mortalidade. O *Leyden 85-plus Study* mostrou uma prevalência de achado eletrocardiográfico de provável doença coronária em torno de 9% dos 566 idosos analisados – achado associado a maior risco para mortalidade quando comparado aos idosos que não apresentaram essa alteração[5].

Dessa maneira, podemos considerar que o eletrocardiograma em conjunto com a análise criteriosa das manifestações clínicas e dos fatores de risco associados constitui ferramenta diagnóstica e prognóstica importante em indivíduos com idade superior a 65 anos[6].

REFERÊNCIAS BIBLIOGRÁFICAS

1. Brasil. Instituto Brasileiro de Geografia e Estatística. Disponível em: http://www.ibge.gov.br/home/
2. Furberg CD, Manolio TA, Psaty BM, Bild DE, Borhani NO, Newman A, et al. Major eletrocardiographic

abnormalities in persons aged 65 years and older (the Cardiovascular Health Study). Cardiovascular Health Study Collaborative Research Group. Am J Cardiol. 1992;69(16):1329-35.
3. Yoshira LA, Bensenor IM, Kawabata VS, Menezes PR, Scazufca M, Lotufo PA. Prevalência de achados eletrocardiográficos no paciente idoso: estudo envelhecimento e saúde de São Paulo. Arq Bras Cardiol. 2009;93(6):651-6.
4. Auer R, Bauer DC, Vidal PM, Butler J, Min LJ, Cornuz J, et al. Association of major and minor ECG abnormalities with coronary heart disease events. JAMA. 2012;301(14):1497-505.
5. De Ruijer W, Westendorp RG, Macfarlance PW, Jukema JW, Assendelft WJ, Gussekloo J. The routine electrocardiogram for cardiovascular risk stratification in old age: the Leiden 85-plus study. J Am Geriatr Soc. 2007;55:872-7.
6. Pastore CA, Pinho JA, Pinho C, Samesima N, Pereira Filho HG, Kruse JC, et al. III Diretrizes da Sociedade Brasileira de Cardiologia sobre análise e emissão de laudos eletrocardiográficos. Arq Bras Cardiol. 2016;106(4 Suppl 1):1-23.

CAPÍTULO 9

O Holter de 24 horas na avaliação das arritmias cardíacas em idosos

Dalmo Antonio Ribeiro Moreira
Bruno Vaz Kerges Bueno

INTRODUÇÃO

As alterações histológicas do coração do indivíduo idoso incluem a degeneração do sistema de condução atrial e ventricular, bem como de sua estrutura contrátil[1-3]. Essas alterações conjuntamente modificam a resposta cardíaca a demandas fisiológicas e são responsáveis por comprometimentos funcionais típicos da idade avançada[2,3]. O surgimento de arritmias cardíacas pode ser secundário a distúrbios da condução do impulso elétrico e/ou da refratariedade celular e, também, secundariamente às disfunções da câmara cardíaca, causadas por dilatações dos átrios e ventrículos, e o seu desempenho sistólico e diastólico[3-5]. Além disso, doenças extracardíacas, por meio de atividade inflamatória e distúrbios metabólicos, podem interferir na eletrofisiologia cardíaca, particularmente sobre a dinâmica de funcionamento de canais iônicos dos miócitos e gerar arritmias, atriais ou ventriculares[6].

O registro de arritmias cardíacas pelo eletrocardiograma desperta no clínico a atenção quanto a sua frequência e complexidade, as quais podem ser responsáveis por sintomas muitas vezes ainda não esclarecidos, como tonturas, palpitações, dores no peito e até quadros sincopais. Para confirmar esse diagnóstico, o Holter de 24 horas, 48 horas, de 7 dias ou até de mais longa duração pode trazer informações úteis sobre as características das arritmias apresentadas pelo paciente[4].

A decisão quanto ao tratamento dependerá da implicação prognóstica dessas arritmias; por outro lado, é importante salientar que mesmo em condições de prognóstico benigno o tratamento para aliviar sintomas é fundamental. Deve-se ressaltar que a expectativa de vida do idoso é diferente do jovem e, por esta razão, sua preocupação é muito maior em relação à qualidade de vida do que a prolongar a sua vida.

BRADIARRITMIAS

Com o envelhecimento há progressiva redução da densidade das células marca-passo do nódulo sinusal, cuja estrutura é gradualmente substituída por tecido fibrótico[1,2]. Por essa razão, há tendência de registros de frequências cardíacas médias mais baixas, além de maior incidência de doença sinusal no idoso em comparação aos mais jovens. A doença sinusal manifesta-se por meio de bradicardias importantes (frequência cardíaca abaixo de 50 bpm) e, também, com pausas sinusais e bloqueio sinoatrial. A implicação clínica desse diagnóstico é o risco de quedas com traumatismos de graus variados, déficits cognitivos, além da possibilidade de ocorrência de outras arritmias que agravam a evolução clínica, como a fibrilação atrial e o maior risco de tromboembolismo sistêmico (Figuras 1 e 2).

A lesão do sistema de condução atrial, do sistema His-Purkinje e seus ramos pode se associar a bloqueios cardíacos em diferentes níveis: no nódulo atrioventricular, o bloqueio atrioventricular do primeiro ou do segundo grau tipo I (Wenckebach) (Figura 3). O bloqueio infranodal no tronco do feixe de His é menos comum, exceto em casos de cardiomiopatias dilatadas,

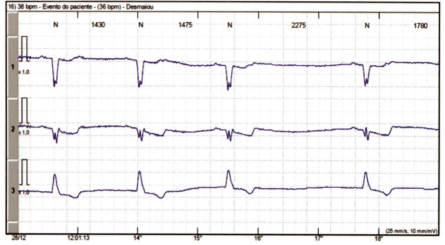

Figura 1 Trecho de gravação de Holter de 24 horas (canais MC1, MC5 e equivalente a D3) de uma paciente de 80 anos com história de desmaio. Bradicardia sinusal grave que reproduziu o quadro de hipofluxo cerebral referido anteriormente pela paciente. A paciente apresenta ainda distúrbio da condução intraventricular.

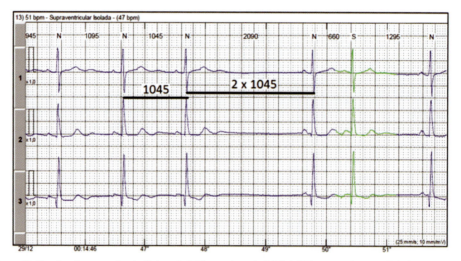

Figura 2 Trecho de gravação de Holter de 24 horas (canais MC1, MC5 e equivalente a D3) de uma paciente de 76 anos com história de tonturas. O ritmo é sinusal com bloqueio sinoatrial de segundo grau Mobitz tipo II (a duração da pausa é exatamente o dobro do intervalo PP de base: 2.090 ms e 1.045 ms, respectivamente).

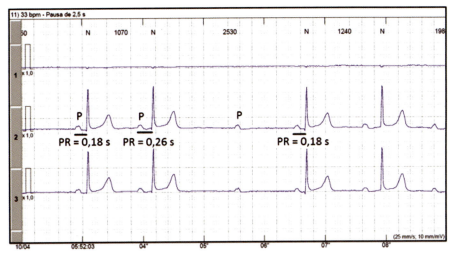

Figura 3   Trecho de gravação de Holter de 24 horas (canais MC1, MC5 e equivalente a D3) de uma paciente de 74 anos com história de palpitações. O traçado das 05:52 h da manhã mostra ritmo sinusal, intervalo PR e complexos QRS normais. Observe o prolongamento progressivo do intervalo PR até a onda P bloqueada. O intervalo PR pós-pausa é mais curto que o intervalo PR pré-pausa. Esses achados permitem o diagnóstico de bloqueio atrioventricular de segundo Mobitz tipo I ou Wenckebach.

isquêmica ou até infiltrativas (Figura 4). Bloqueios de ramo periférico não raramente são registrados na idade avançada, predominando o bloqueio de ramo direito, por ser mais longo e, portanto, mais vulnerável a lesões. Exceto em casos de doenças cardíacas, o bloqueio de ramo bilateral, um sinal de bloqueio atrioventricular total iminente, é menos comum (Figura 5).

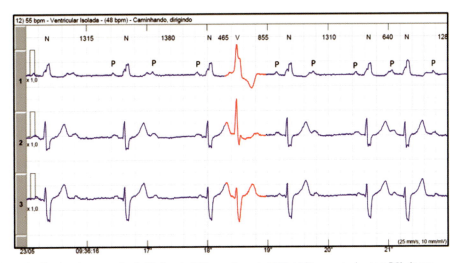

Figura 4   Trecho de gravação de Holter de 24 horas (canais MC1, MC5 e equivalente a D3) de um paciente de 73 anos com história de cansaço e tonturas. O traçado mostra ritmo sinusal, intervalo PR normal, distúrbio da condução intraventricular e com bloqueio atrioventricular de segundo grau Mobitz tipo II. Esse achado indica implante de marca-passo definitivo.

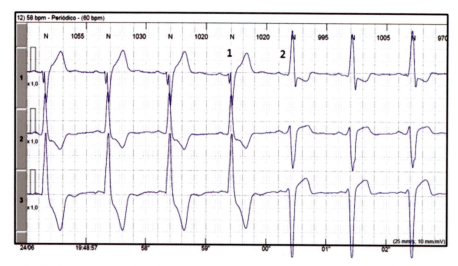

Figura 5 Trecho de gravação de Holter de 24 horas (canais MC1, MC5 e equivalente a D3) de um paciente de 81 anos que realizou Holter para esclarecimento de palpitações. O Holter apresenta ritmo sinusal e intervalo PR normal mas com complexos QRS alargados, com duas morfologias distintas (identificadas como 1 e 2). Esse é um registro pouco comum de bloqueio de ramo bilateral ou bloqueio de ramo alternante.

Ao Holter pode ser documentado bloqueio atrioventricular de segundo grau com pausas, particularmente na fase de sono que, na maioria das vezes não se associa a prognóstico ominoso e não necessita de implante de marca-passo definitivo. Esse achado pode ser manifestação de hiperatividade vagal típica do sono ou manifestação de apneia obstrutiva do sono. Essa entidade aliás deve ser sempre pesquisada em pacientes com pausas noturnas antes de se indicar implante de marca-passo definitivo.

ARRITMIAS SUPRAVENTRICULARES

As ectopias atriais e a taquicardia atrial são achados comuns da idade avançada[7-9]. Ocorrem secundariamente a bradicardias importantes, mas também em decorrência de lesão degenerativa do sistema de condução (fibrose atrial), aumento da pressão atrial ou dilatações atriais secundárias à redução do relaxamento diastólico ventricular causados pela hipertrofia ventricular[3,5]. Por essa razão, a detecção de ectopias ou taquicardia atrial pode alertar ao clínico quanto a necessidade de tratamento mais rigoroso da hipertensão arterial visando aliviar o ventrículo esquerdo (redução da massa ventricular) ou da insuficiência cardíaca diastólica não raramente presentes no idoso.

Do ponto de vista prognóstico é importante salientar que a densidade elevada de ectopias atriais ao Holter associa-se a maior comprometimento da substância branca cerebral, que se manifesta com limitações na atividade física diária muito mais do que sobre a cognição[10], além de estar associada a maior risco de acidente vascular cerebral[11]. Além disso, taquiarritmias atriais recorrentes causam remodelamento elétrico e histológico atriais que são os principais responsáveis pela transformação da fibrilação atrial paroxística para a forma persistente. A fibrilação atrial acomete cerca de 2% dos indivíduos na faixa etária de 60 a 70 anos, saltando para 15% ou mais na idade acima de 80 anos. É responsável por significativa redução da qualidade de vida dessa população, além de causar insuficiência cardíaca e acidente vascular cerebral isquêmico em 20% dos casos. A forma crônica ou paroxística recorrente é uma das causas de degeneração da substância branca cerebral e está associada a demência[12]. A fibrilação atrial nos idosos é ainda causa de infarto do miocárdio (ocorre em cerca de 34% dos casos)[13] e é a principal causa de morte súbita de origem cardiovascular, particularmente quando se associa a coronariopatia, redução da função ventricular e quando evolui com frequência cardíaca média elevada frequente (geralmente acima de 110 bpm)[14]. Por essa razão o seu diagnóstico e tratamento devem ser sempre implementados. Pacientes que relatam queda do estado geral e incapacidade repentina para realizar atividades rotineiras devem alertar ao clínico quanto a possibilidade de fibrilação atrial. O Holter é uma técnica diagnóstica importante nessa condição, particularmente o de longa duração (Holter de 7 dias).

Pausas ventriculares documentadas na fase de sono carecem de valor prognóstico e não necessariamente requerem tratamento com marca-passo definitivo e nem são preditivas de maior risco de óbito[15]. Por outro lado, pausas longas sinalizam maior risco de recorrência de fibrilação atrial após cardioversão elétrica[16]. Hiperatividade vagal e apneia do sono devem ser as causas na grande maioria dos casos[17]. Pausas têm valor prognóstico quando associam-se também a bradicardias na fase de vigília.

As taquicardias supraventriculares, do tipo reentrada nodal ou atrioventricular, utilizando vias acessórias, são menos comuns na idade avançada, embora sua indução durante estudo eletrofisiológico seja similar[18]. Na faixa etária mais jovem os pacientes possivelmente apresentavam crises mais frequentes mas com o envelhecimento tornam-se menos comuns devido à degeneração fibrótica do nódulo atrioventricular e/ou da via acessória[19]. Frequentemente pacientes com via acessória se apresentam com taquicardias de QRS alargado (na grande maioria aberrância de condução de uma taquicardia supraventricular) durante algum quadro associado a cardiopatia (hipertensão, insuficiência cardíaca ou doença valvar) ou doença sistêmica, como doença pulmonar[19,20]. Em decorrência do maior período refratário anterógrado da via acessória, a frequência cardíaca das taquicardias e da fibrilação atrial tende a ser menor do que nos mais jovens[19,20]. Em pacientes com síndrome de Wolff-Parkinson-White, entretanto, o clínico deve ficar alerta quanto a maior probabilidade de registro de taquicardia atrial ou fibrilação atrial à medida que a idade avança, cuja repercussão clínica dependerá da capacidade de condução anterógrada pela via acessória (Figura 7)[20,21]. Do ponto de vista eletrofisiológico a síndrome em pacientes com idade acima de 60 anos tende a ser de maior risco em decorrência da fibrilação atrial[21].

Menos frequentemente, observa-se aumento da frequência de crises de palpitações taquicárdicas em idosos secundariamente a taquicardias supraventriculares por reentrada atrioventricular, que costuma não ser bem tolerada nessa fase da vida[20]. Isso pode ocorrer quando o grau de envelhecimento de estruturas do sistema de condução e vias acessórias forem desproporcionais, criando condições eletrofisiológicas para que as taquicardias se estabeleçam de maneira mais frequente.

EXTRASSÍSTOLES VENTRICULARES

São muito comuns na idade avançada e, mesmo naqueles sem cardiopatia, podem ser manifestação de degeneração fibrótica do sistema de condução, remodelamento elétrico e anatômico dos ventrículos e disfunção diastólica[4,22]. Indivíduos de coração normal mas com doenças extracardíacas, como a síndrome metabólica, podem ter ectopias ventriculares em decorrência da presença de radicais livres intramiocitários que alteram a função de canais iônicos celulares[6]. A forma de manifestação mais comum e que se associa a um quadro benigno são as ectopias monomórficas e pouco frequentes (< 10 por hora). Registros de ectopias frequentes e polimórficas devem ser pesquisadas quanto a uma

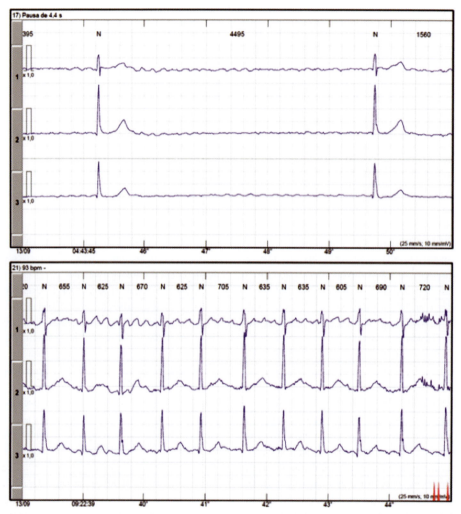

Figura 6 Trecho de gravação de Holter de 24 horas (canais MC1, MC5 e equivalente a D3) de um paciente de 75 anos que realizou Holter para esclarecimento de palpitações. O Holter apresenta fibrilação atrial em dois momentos distintos. No traçado superior resposta ventricular lenta com pausa ventricular de 4,49 segundos. Abaixo, durante a vigília observe a frequência cardíaca normal ao redor de 90 bpm. A pausa noturna, com frequências cardíacas normais na vigília, tem baixo valor prognóstico para bloqueios mais graves.

causa subjacente e, dentro dessas, a insuficiência coronária é a mais frequente. Deve-se destacar também a hipertrofia ventricular esquerda comum em hipertensos, além de desequilíbrio hidroeletrolítico naqueles que fazem uso de diuréticos que espoliam potássio e magnésio[4]. Aliás, essa é uma causa comum de ectopias ventriculares associadas à hipertensão arterial.

Ectopias ventriculares monomórficas frequentes, originadas na via de saída do ventrículo direito (morfologia de bloqueio de ramo esquerdo com eixo normal ou desviado para a direita no plano frontal do eletrocardiograma de 12 derivações) ou na região inferosseptal do ventrículo esquerdo, conhecidas como ectopias fasciculares (morfologia de bloqueio de ramo

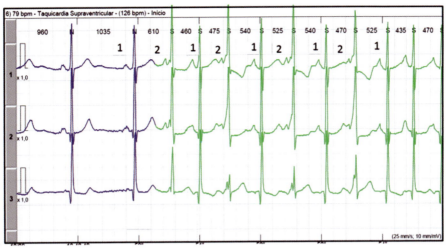

Figura 7 Trecho de gravação de Holter de 24 horas (canais MC1, MC5 e equivalente a D3) de um paciente de 68 anos que realizou Holter para esclarecimento de palpitações. O traçado mostra ritmo sinusal com intervalo PR e complexos QRS distintos (ver morfologias 1 e 2). Na morfologia 1 note intervalo PR e complexos QRS normais e, na 2, intervalo PR curto e complexos QRS alargados típicos de pré-excitação ventricular intermitente. Registro obtido durante taquicardia atrial paroxística, arritmia comum em idosos que pode funcionar como gatilho para fibrilação atrial em átrios remodelados. Esse achado indica que um foco ectópico atrial com frequência acelerada não é capaz de conduzir numa relação 1:1 pela via acessória em decorrência de seu longo período refratário anterógrado (onda delta intermitente).

direito com eixo desviado para a esquerda no plano frontal) podem se apresentar de forma frequente ao Holter de 24 horas e não indicam maior risco para morte súbita nos pacientes afetados. Essas ectopias tendem a apresentar uma variabilidade espontânea muito grande em gravações de Holter realizadas em tempos distintos. A observação da morfologia do QRS no eletrocardiograma é fundamental para se estabelecer o prognóstico quanto a benignidade dessas ectopias, já que as derivações do Holter não permitem que essa análise seja feita.

Estudos realizados em comunidades, com indivíduos com e sem fatores de risco (diabetes, hipertensão) e com mais de 10 anos de acompanhamento clínico, associam a presença de ectopias ventriculares com maior risco de acidente vascular cerebral isquêmico[22,23] e insuficiência cardíaca[24-26]. Essa associação é maior em indivíduos sem fatores de risco concomitantes e naqueles com ectopias muito frequentes.

TAQUICARDIA VENTRICULAR NÃO SUSTENTADA

Estudos recentes demonstram que a taquicardia ventricular não sustentada documentada ao Holter em pacientes com coração normal está associada a maior risco de morte cardiovascular (por infarto ou insuficiência cardíaca), hospitalização, acidente vascular cerebral isquêmico e ataque isquêmico transitório, em comparação aos pacientes sem essa arritmia[27,28]. Essa observação faz suspeitar que esse tipo de taquicardia seja um marcador de coração mais doente (doença cardíaca subclínica) e, portanto, indica maiores cuidados quanto ao controle de fatores de risco como hipertensão, diabetes, fumo, dislipidemia e sedentarismo. Em corações doentes, com disfunção ventricular, o achado dessa taquicardia pode significar a presença de insuficiência coronária ou algum tipo de miocardiopatia[27]. A pesquisa da doença de base é fundamental para se estabelecer o prognóstico. A documentação de fibrose ventricular pela ressonância magnética é tida hoje como um parâmetro importante com relação ao prognóstico desses pacientes. Quando a massa de fibrose é extensa, acometendo grande extensão do ventrículo esquerdo, indica risco de um evento arrítmico maligno maior que cinco vezes.

ISQUEMIA SILENCIOSA

Apesar da redução da taxa de mortalidade por doença cardiovascular nas últimas décadas, esta é ainda a maior causa de morte no mundo, representada por infarto do miocárdio e morte súbita. A isquemia miocárdica é o principal fator envolvido e a forma silenciosa tem um papel fundamental nessa condição, pois está

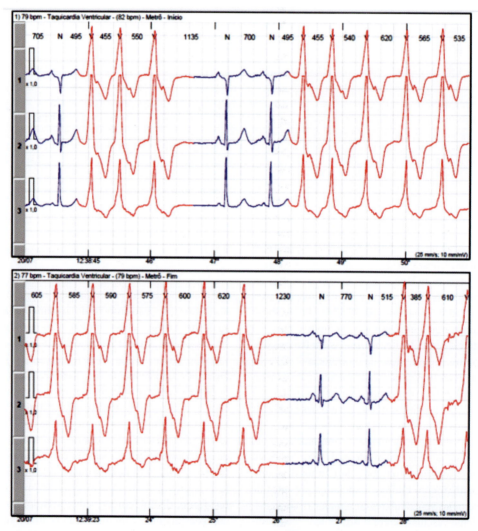

Figura 8 Trecho de gravação de Holter de 24 horas (canais MC1, MC5 e equivalente a D3) de um paciente de 68 anos que realizou Holter para esclarecimento de palpitações. Os traçados são contínuos e apresentam ritmo sinusal com taquicardia ventricular monomórfica não sustentada.

presente na grande maioria dos pacientes com doença coronária[30]. A isquemia silenciosa é o registro de alterações isquêmicas do segmento ST-T que sugere a presença efetiva de isquemia, sem o correspondente sintoma anginoso[30-32]. Essas alterações são registradas geralmente durante as atividades regulares de rotina ou durante a noite. Está associada à evolução clínica desfavorável nos pacientes com doença coronária, no que diz respeito ao infarto, reinfarto, insuficiência cardíaca e morte por arritmias[31,32]. A monitorização eletrocardiográfica pelo sistema Holter é o método indicado para avaliação desses pacientes, com o objetivo de se detectar a frequência dos episódios de isquemia e quantificar a duração das alterações do segmento ST e das ondas T (avaliação da carga isquêmica)[32]. O surgimento da isquemia pode não ter relação com esforço físico, sendo detectada somente no repouso ou à noite, o que tornaria o teste ergométrico pouco útil no diagnóstico e no manejo clínico desses pacientes. A detecção de isquemia ao Holter é importante para se estimar o grau de comprometimento miocárdico pela isquemia, estabelecer a repercussão da doença além de auxiliar na estratégia terapêutica bem como avaliar o seu sucesso.

A capacidade do método em fazer o diagnóstico está relacionada com a probabilidade pré-teste do paciente ter a doença. Esse conceito é fundamental para a interpretação dos resultados[30]. A sensibilidade do sistema aumenta quando o paciente é sabidamente coronariopata. O mesmo raciocínio deve ser feito com relação a sua especificidade, pois raramente detectam-se alterações típicas de ST-T em paciente não coronariopata. Esses achados tornam o Holter uma técnica altamente custo-efetiva no diagnóstico e tratamento da isquemia miocárdica em pacientes de risco[32].

Do ponto de vista fisiopatológico, estudos clínicos têm demonstrado que a isquemia silenciosa ocorre por aumento da demanda miocárdica por oxigênio. Tanto o aumento da frequência cardíaca (em média 5 batimentos ou mais) e também da pressão arterial sistólica (cerca de 10 mmHg ou mais) são achados mais frequentes que precedem o surgimento da isquemia miocárdica silenciosa em coronariopatas[33]. Tais eventos são mais frequentes no período matinal, entre 6:00 e 12:00 h. Esse é o período no qual a atividade simpática é maior, responsável tanto por alterações da frequência cardíaca como da pressão arterial.

Além de detecção dos mais diferentes tipos de arritmias propriamente, o Holter de 24 horas pode ser empregado para estratificação de risco para morte súbita por meio da obtenção da variabilidade da frequência cardíaca e turbulência da frequência cardíaca, técnicas que avaliam a influência do sistema nervoso autônomo sobre o coração, além da pesquisa da microalternância da onda P, a variabilidade do intervalo QT e o eletrocardiograma de resolução. Para essas técnicas, são necessários *softwares* especiais incorporados ao sistema de análise. A discussão desses tópicos, contudo, foge ao escopo dessa apresentação.

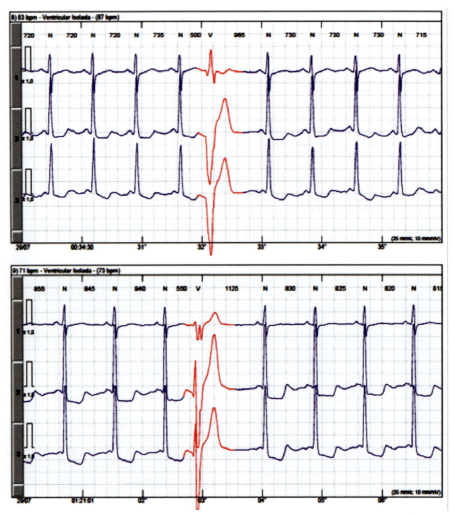

Figura 9   Paciente de 68 anos, sexo feminino, com insuficiência coronária, sem infarto prévio. Na cintilografia miocárdica apresentou quadro isquêmico transitório em região lateral. Registro de Holter com três canais simultâneos. No traçado superior (registrado à 00:34:30 h) não se observam alterações significativas do segmento ST nos três canais. No traçado inferior, à 01:21:01 h registra-se depressão significativa do segmento ST no canal 2 (variando entre 3 e 4 mm) compatível com quadro de corrente de lesão subendocárdica. Houve registro dessas alterações em outros quatro horários, todos eles no período da madrugada. Não houve relato de sintomas durante esses registros. Essa é a forma de apresentação eletrocardiográfica característica da isquemia silenciosa.

REFERÊNCIAS BIBLIOGRÁFICAS

1. Schulman SP. Cardiovascular consequences of the aging process. Cardiol Clin. 1999;17(1):35-49.
2. Fleg JL, Strait J. Age-associated changes in cardiovascular structure and function: a fertile milieu for future disease. Heart Fail Rev. 2012;17(4-5):545-54.
3. Dai X, Hummel SL, Salazar JB, Taffet GE, Zieman S, Schwartz JB. Cardiovascular physiology in the older adults. J Geriatr Cardiol. 2015;12(3):196-201.
4. Goyal P, Rich MW. Electrophysiology and heart rhythm disorders in older adults. J Geriatr Cardiol. 2016;13(8):645-51.
5. Pugh KG, Wei JY. Clinical implications of physiological changes in the aging heart. Drugs Aging. 2001;18(4):263-76
6. Jeong EM, Liu M, Sturdy M, Gao G, Varghese ST, Sovari AA, et al. Metabolic stress, reactive oxygen species, and arrhythmia. J Mol Cell Cardiol. 2012;52:454-63.
7. Kistler PM, Sanders P, Fynn SP, Stevenson IH, Spence SJ, Vohra JK, et al. Electrophysiologic and electroanatomic changes in the human atrium associated with age. J Am Coll Cardiol. 2004;44(1):109-16.
8. Lin CY, Lin YJ, Chen YY, Chang SL, Lo LW, Chao TF, et al. Prognostic significance of premature atrial complexes burden in prediction of long-term outcome. J Am Heart Assoc. 2015;4(9):e002192.
9. Vinther KH, Tveskov C, Möller S, Rosen T, Auscher S, Osmanagic A, et al. Prevalence and prognostic significance of runs of premature atrial complexes in ischemic stroke patients. J Stroke Cerebrovasc Dis. 2016;25(10):2338-43.
10. Todoroki K, Ikeya Y, Fukui S, Yanagimachi N, Okazaki T, Tanaka C, et al. Severity of white matter hyperintensities in older adults aged in their mid 80s and its relationship with hemodynamic and cardiac parameters. Geriatr Gerontol Int. 2015;15(Suppl 1):66-73.
11. O'Neal WT, Kamel H, Kleindorfer D, Judd SE, Howard G, Howard VJ, et al. Premature atrial contractions on the screening electrocardiogram and risk of ischemic stroke: the reasons for geographic and racial differences in stroke study. Neuroepidemiology. 2016;47(1):53-8.
12. Liao JN, Chao TF, Liu CJ, Wang KL, Chen SJ, Tuan TC, et al. Risk and prediction of dementia in patients with atrial fibrillation: a nationwide population-based cohort study. Int J Cardiol. 2015;199:25-30.
13. Kralev S, Schneider K, Lang S, Süselbeck T, Borggrefe M. Incidence and severity of coronary artery disease in patients with atrial fibrillation undergoing first-time coronary angiography. PLoS ONE. 2011;6(9):e24964.
14. Eisen A, Ruff CT, Braunwald E, Nordio F, Corbalán R, Dalby A, et al. Sudden cardiac death in patients with atrial fibrillation: insights from the ENGAGE AF-TIMI 48 Trial. J Am Heart Assoc. 2016;5(7):e003735
15. Saba MM, Donahue TP, Panotopoulos PT, Ibrahim SS, Abi-Samra FM. Long-term mortality in patients with pauses in ventricular electrical activity. Pacing Clin Electrophysiol. 2005;28(11):1203-7.
16. Gallagher MM, Guo XH, Poloniecki J, Camm AJ. Ventricular pauses during atrial fibrillation predict relapse after electrical cardioversion: a prospective study. Pacing Clin Electrophysiol. 2010;33(8):934-8.
17. Vizzardi E, Sciatti E, Bonadei I, D'Aloia A, Curnis A, Metra M. Obstructive sleep apnoea-hypopnoea and arrhythmias: new updates. J Cardiovasc Med (Hagerstown). 2014.
18. Chen SA, Chiang CE, Yang CJ, Cheng CC, Wu TJ, Wang SP, et al. Accessory pathway and atrioventricular node reentrant tachycardia in elderly patients: clinical features, electrophysiologic characteristics and results of radiofrequency ablation. J Am Coll Cardiol. 1994;23(3):702-8.
19. Fan W, Peter CT, Gang ES, Mandel W. Age-related changes in the clinical and electrophysiologic characteristics of patients with Wolff-Parkinson-White syndrome: comparative study between young and elderly patients. Am Heart J. 1991;122(3 Pt 1):741-7.
20. Rosenfeld LE, Van Zetta AM, Batsford WP. Comparison of clinical and electrophysiologic features of preexcitation syndromes in patients presenting initially after age 50 years with those presenting at younger ages. Am J Cardiol. 1991;67(8):709-12.
21. Brembilla-Perrot B, Olivier A, Sellal JM, Manenti V, Brembilla A, Villemin T, et al. Influence of advancing age on clinical presentation, treatment efficacy and safety, and long-term outcome of pre-excitation syndromes: a retrospective cohort study of 961 patients included over a 25-year period. BMJ Open. 2016;17:6(5):e010520.
22. Lin CY, Chang SL, Lin YJ, Lo LW, Chung FP, Chen YY, et al. Long-term outcome of multiforme premature ventricular complexes in structurally normal heart. Int J Cardiol. 2015;180:80-5.
23. Agarwal SK, Heiss G, Rautaharju PM, Shahar E, Massing MW, Simpson RJ Jr. Premature ventricular complexes and the risk of incident stroke: the Atherosclerosis Risk In Communities (ARIC) Study. Stroke. 2010;41(4):588-93.

24. Lee AK, Deyell MW. Premature ventricular contraction-induced cardiomyopathy. Curr Opin Cardiol. 2016;31(1):1-10.
25. Lin CY, Chang SL, Lin YJ, Chen YY, Lo LW, Hu YF, et al. An observational study on the effect of premature ventricular complex burden on long-term outcome. Medicine (Baltimore). 2017;96(1):e5476.
26. Dukes JW, Dewland TA, Vittinghoff E, Mandyam MC, Heckbert SR, Siscovick DS, et al. Ventricular ectopy as a predictor of heart failure and death. J Am Coll Cardiol. 2015;66(2):101-9.
27. Katritsis DG, Zareba W, Camm AJ. Nonsustained ventricular tachycardia. J Am Coll Cardiol. 2012;60(20):1993-2004.
28. Lin CY, Chang SL, Chung FP, Chen YY, Lin YJ, Lo LW, et al. Long-term outcome of non-sustained ventricular tachycardia in structurally normal hearts. PLoS One. 2016;11(8):e0160181.
29. Disertori M, Rigoni M, Pace N, Casolo G, Masè M, Gonzini L, et al. Myocardial fibrosis assessment by LGE Is a powerful predictor of ventricular tachyarrhythmias in ischemic and nonischemic LV dysfunction: a meta-analysis. JACC Cardiovasc Imaging. 2016;(9):1046-55.
30. Gutterman DD. Silent myocardial ischemia. Circ J. 2009;73(5):785-97.
31. Ahmed AH, Shankar KJ, Eftekhari H, Munir M, Robertson J, Brewer A, et al. Silent myocardial ischemia: current perspectives and future directions. Exp Clin Cardiol. 2007;12:189e196.
32. Wimmer NJ, Scirica BM, Stone PH. The clinical significance of continuous ECG (ambulatory ECG or Holter) monitoring of the ST-segment to evaluate ischemia: a review. Prog Cardiovasc Dis. 2013;56(2):195-202.
33. Deedwania PC, Nelson JR. Pathophysiology of silent myocardial ischemia during daily life. Hemodynamic evaluation by simultaneous electrocardiographic and blood pressure monitoring. Circulation. 1990;82(4):1296-304.

CAPÍTULO 10

Peculiaridades dos métodos diagnósticos em idosos: teste ergométrico e teste cardiopulmonar

Antonio Sergio Tebexreni
Alexandre Novakoski Ferreira Alves
Eduardo Villaça Lima

INTRODUÇÃO

O teste ergométrico é um dos principais métodos complementares derivados do eletrocardiograma (ECG) convencional. Todavia, não envolve apenas a interpretação do ECG no esforço, mas é uma análise multifatorial que compreende a avaliação das respostas clínica, hemodinâmica, eletrocardiográfica e metabólica ao estresse físico programado. É um exame relativamente simples e útil, que permite não só diagnosticar a isquemia miocárdica como também avaliar o resultado de intervenções terapêuticas, detectar arritmias cardíacas, estratificar o risco de doenças cardiovasculares e orientar a prescrição de exercícios para condicionamento físico e reabilitação cardíaca[1].

ASPECTOS DO TESTE ERGOMÉTRICO EM IDOSOS

O conhecimento do papel do envelhecimento sobre o sistema cardiovascular e em particular sobre as variáveis avaliadas pelo teste de esforço é essencial para a realização do teste ergométrico de maneira segura e efetiva nos idosos. Como apresentado anteriormente, a frequência cardíaca de repouso não se altera com a idade. Decrescem com a idade a frequência cardíaca máxima prevista, o débito cardíaco máximo, o consumo de oxigênio máximo ($VO_{2\,máx}$), a capacidade vital, a força muscular. Aumentam, contudo, a pressão arterial de repouso e durante o exercício, o tempo de reação e o tempo de recuperação, entre outras variáveis.

Devemos ainda considerar no idoso a presença de condições que frequentemente limitam a capacidade deles em realizar exercícios físicos aeróbios. Alterações musculoesqueléticas, neurológicas, vasculares e cardiológicas prévias são condições que dificultam ou mesmo impossibilitam a execução de exercícios. Além disso, os efeitos de alguns fármacos utilizados podem limitar a interpretação do teste ergométrico. Essas características associadas aos achados do ECG de repouso, que não permitem avaliar o segmento ST, contribuem também na decisão clínica de utilizar outros exames de investigação, como a cintilografia de perfusão com uso de fármacos ou ecocardiograma de estresse, com maior frequência nessa população. Contudo, é preciso reiterar que o teste ergométrico em idosos é tão seguro quanto o aplicado em jovens. A idade, de maneira isolada, não foi considerada fator de risco para a ocorrência de infarto agudo do miocárdio ou morte nesta população.

ASPECTOS METODOLÓGICOS EM IDOSOS

No teste ergométrico do idoso deve-se preconizar o uso de protocolos atenuados em esteira (ergômetro mais comum em nosso meio) e bicicleta com aumentos graduais de carga, que permitam melhor adaptação do paciente ao exame. Para a esteira rolante, o protocolo de Naughton, com velocidades fixas, Bruce modificado com incrementos pequenos de velocidade e inclinação, Balke ou mesmo individualizados são os mais utilizados para esta população com maior limitação física, preconizando-se o uso de barras e apoios laterais para maior segurança do paciente[7]. Considerar o uso do cicloergômetro (bicicleta) em idosos com limitações ao exercício em esteira, como grandes obesos ou aqueles com síndromes vertiginosas e problemas de equilíbrio e postura, déficits visuais, padrões de marcha senis, limitações na sustentação do peso corporal e problemas nos pés, aqueles que demonstrem insegurança, bem como aqueles que habitualmente exercitam-se em bicicleta. Optar sempre que possível por fases de recuperação ativas, sucedidas por período de recuperação passiva, com duração adequada para a plena recuperação do indivíduo.

INDICAÇÕES E CONTRAINDICAÇÕES DO TESTE ERGOMÉTRICO EM IDOSOS

De maneira geral, as indicações para a realização do teste ergométrico em idoso são as mesmas recomendadas para o adulto jovem, com destaque na determinação de classe funcional e para fins de aplicação de programas de condicionamento físico, avaliação da presença e gravidade de cardiopatia isquêmica, avaliação prognóstica com vistas a eventos cardiovasculares e avaliação das intervenções terapêuticas realizadas. Já as contraindicações seguem as mesmas recomendações para a população em geral.

IDOSOS, DAC E TESTE ERGOMÉTRICO

A sensibilidade para a doença arterial coronária (DAC) por meio do teste ergométrico é maior em idosos do que em indivíduos com idade menor que 40 anos (84% × 56%), já que ocorre aumento da prevalência e da gravidade da DAC nesta população e, ainda, a presença de DAC grave é mais facilmente detectada pela prova de esforço. Por outro lado, a especificidade para DAC por meio do teste é menor na população de idosos (70% × 84%). Há no indivíduo idoso maior ocorrência de extrassístoles e arritmias supraventriculares e ventriculares não sustentadas. A isquemia miocárdica no teste ergométrico pode se apresentar por sinais e sintomas atípicos que precisam ser reconhecidos e valorizados: dispneia, fadiga desproporcional ou opressão torácica ao invés de dor torácica típica[2].

CRITÉRIOS DE INTERRUPÇÃO

Sempre que possível procura-se atingir a frequência cardíaca (FC) máxima prevista ou a exaustão. Mas o exercício pode ser interrompido por motivos clínicos ou prontamente por solicitação do paciente. Deve-se utilizar tabelas de percepção subjetiva do esforço, como a escala de Borg, em conjunto com avaliação clínica para a determinação do grau de cansaço físico. A exaustão física é o melhor parâmetro para o término do esforço. Considerar a interrupção da prova em caso de surgimento de: angina de peito progressiva e/ou limitante, bloqueio atrioventricular avançado, desnivelamentos significativos do segmento ST (> 3 mm de infradesnível ou > 2 mm de supradesnível), arritmia ventricular complexa e com aumento de densidade com o progredir do esforço, taquiarritmias supraventriculares sustentadas, redução ou estabilização da frequência cardíaca com o aumento da carga de trabalho, redução da pressão arterial sistólica por dois estágios consecutivos, elevação acentuada da pressão arterial sistêmica, pressão arterial sistólica (PAS)

> 260 mmHg e/ou pressão arterial diastólica (PAD) > 140 mmHg, presença de dispneia intensa, broncoespasmo, palidez intensa ou dor limitante em membros inferiores[1].

ASPECTOS PROGNÓSTICOS DO TESTE ERGOMÉTRICO EM IDOSOS

Em indivíduos com idade superior a 75 anos e sabidamente portadores de DAC crônica conhecida, o teste ergométrico cujo resultado foi negativo representou prognóstico favorável ao final de um ano, independente da terapêutica em uso, conforme Jeger et al. Estudo com 1.872 indivíduos com idade ≥ 65 anos em comparação a 3.798 com idade < 65 anos, utilizando-se o teste ergométrico como instrumento de avaliação por um período médio de 6 anos, mostrou que a presença de infradesnivelamento do segmento ST apresentou valor prognóstico desfavorável em ambos os grupos e que a capacidade funcional maior apresentou melhor valor prognóstico.

Os seguintes achados durante a prova de esforço são associados à presença de DAC grave e multiarterial e pior prognóstico: sintomas limitantes que surgem em carga inferior a 6 equivalente metabólico (MET); incapacidade de aumentar a pressão arterial sistólica ou diminuição com queda inferior aos valores de repouso durante exercício progressivo; infradesnivelamento do segmento ST maior que 2,0 mm e morfologia descendente, com início menor que 6 MET e presente em mais de cinco derivações, que persiste por mais de 5 minutos na recuperação; ocorrência de supradesnivelamento do segmento ST induzido pelo esforço em área previamente não infartada, taquicardia ventricular sintomática ou sustentada.

TESTE CARDIOPULMONAR NO IDOSO

Cada vez mais utilizada na avaliação de diferentes grupos e indicações, a ergoespirometria também apresenta indicação na avaliação de idosos, seja para o diagnóstico diferencial de dispneia, avaliação de atletas máster ou ainda do idoso cardiopata ou pneumopata que irá iniciar um programa de reabilitação. Além disso, é um exame de extrema importância na avaliação do risco perioperatório de pacientes idosos que serão submetidos a procedimentos cirúrgicos.

Essa metodologia exibe com acurácia e maior precisão variáveis ventilatórias, hemodinâmicas e metabólicas, que permitem a determinação do limiar anaeróbico e do ponto de compensação respiratória, imprescindíveis para a prescrição de cargas de exercício a serem cumpridos com segurança e eficácia[3].

Assim como no teste ergométrico convencional, o teste cardiopulmonar pode ser realizado em esteira ergométrica ou cicloergômetro. Embora o uso da esteira seja mais comum em nosso país, deve-se lembrar que o cicloergômetro fornece maior segurança nos indivíduos idosos com distúrbios osteoarticulares e de equilíbrio. A utilização da máscara facial durante o exame também pode reduzir o campo visual desses pacientes, aumentando o risco de queda durante a realização do exercício em esteira ergométrica.

O protocolo de rampa é, sem dúvida alguma, a escolha ideal para a realização do teste cardiopulmonar, mesmo nos indivíduos idosos. O aumento progressivo e linear da carga evita as súbitas e intensas variações do nível de estresse metabólico, observadas nos protocolos tradicionais de ergometria. Com isso, o protocolo de rampa torna-se mais adequado para a avaliação das respostas ventilatórias, metabólicas e a detecção dos limiares anaeróbicos. Nos exames realizados em esteira, protocolos de rampa utilizando velocidades atenuadas associadas à inclinação tendem a ser mais tolerados pelos pacientes idosos. No cicloergômetro, são utilizados protocolos com incremento de carga de 5 watts/min para aqueles pacientes idosos cardiopatas e/ou pneumopatas e incrementos iguais ou superiores a 20 watts/min nos idosos saudáveis e ativos.

No entanto, muitos estudos têm utilizado protocolos tradicionais como Bruce, Bruce modificado e Balke para os exames realizados em esteira, e o protocolo de Astrand nos exames em cicloergômetro.

Muito do que se sabe a respeito das variáveis obtidas no teste cardiopulmonar dos indivíduos idosos vem de dados extrapolados de estudos realizados em populações mais jovens. É extremamente incomum a inclusão de homens ou mulheres com idade acima de 70 anos nesses estudos.

Entretanto, sabe-se que o teste cardiopulmonar do idoso apresenta algumas particularidades quando comparado àquele realizado em indivíduos mais jovens. Dehn e Bruce demonstraram, pela primeira vez em 1972, a redução do consumo máximo de oxigênio (VO_2máx.) associada ao envelhecimento[4]. Espera-se que, após a terceira década de vida, ocorra um declínio de aproximadamente 10% do VO_2máx. em indivíduos sedentários e de 5% naqueles com bom condicionamento cardiorrespiratório.

MITOS E VERDADES SOBRE A QUEDA DO VO_2máx NOS IDOSOS

O consumo de oxigênio (VO_2) reflete o volume de O_2 extraído do ar inspirado pela ventilação pulmonar, em um dado período de tempo. Pode ser expresso em litros ou mililitros de oxigênio por minuto, ou ainda em mililitros de oxigênio por quilograma de peso corporal por minuto (mL/kg/min), facilitando as comparações entre os indivíduos.

Em condições "estado-estáveis" do exercício moderado, a medida do VO_2 é uma estimativa confiável do consumo periférico do O_2 pelos tecidos (QO_2), ou seja, a real quantidade de O_2 utilizada pelos processos metabólicos corporais por unidade de tempo[5].

O VO_2 é uma medida objetiva da capacidade funcional. Reflete a capacidade do sistema cardiopulmonar em manter fluxo sanguíneo adequado às necessidades metabólicas do músculo esquelético em atividade. É determinado pelo produto do débito cardíaco (DC) pela diferença arteriovenosa de oxigênio ([dif. a – V]O_2) em um determinado momento, como demonstra a equação de Fick:

$$VO_2 = DC \times (dif. a - V)O_2$$

Sendo o débito cardíaco o produto do volume sistólico (VS) pela frequência cardíaca (FC), temos a seguinte equação modificada:

$$VO_2 = (VS \times FC) \times (dif. a - V)O_2$$

O VO_2 também pode ser determinado pelo produto obtido, num dado período, entre a ventilação-minuto (VE) e o oxigênio consumido, sendo este o resultado da diferença entre o O_2 inalado (fração inspirada de O_2 ou FiO_2) e o O_2 exalado (fração expirada de O_2 ou FeO_2):

$$VO_2 = VE \times (FiO_2 - FeO_2)$$

Como a ventilação é determinada pelo produto da frequência respiratória (FR) pelo volume de ar expirado a cada ciclo (volume corrente, VC), ainda temos que:

$$VO_2 = (VC \times FR) \times (FiO_2 - FeO_2)$$

Diante das equações descritas acima para explicar o conceito de VO_2, podemos concluir que a redução do VO_2máx relacionada ao aumento da idade tem múltiplas causas, podendo envolver os sistemas cardiovascular, respiratório e muscular, desde a captação do ar ambiente até o transporte do oxigênio até os músculos, a extração e, por último, sua utilização (VO_2).

A redução do débito cardíaco nos idosos, secundária à diminuição da FC observada nesses indivíduos, é uma das causas de redução do VO_2máx. Entretanto, essa redução do débito cardíaco pode ser compensada pela melhora na função do ventrículo esquerdo observada nos idosos saudáveis e ativos, minimizando ou mesmo impedindo a queda do VO_2 máx. Alguns estudos têm demonstrado que, mais importante do que uma possível queda no débito cardíaco, haveria, no idoso, uma alteração na distribuição desse débito, reduzindo o fluxo sanguíneo para os grandes grupos musculares envolvidos no exercício (metabolismo oxidativo) e aumento do fluxo para músculos de metabolismo glicolítico e para regiões como pele e vísceras, onde a extração do O_2 é bastante limitada[6]. A consequência dessa má distribuição do fluxo sanguíneo seria a redução da diferença arteriovenosa de O_2 e consequente diminuição do VO_2máx.

Em relação ao sistema respiratório, sabe-se que, no idoso, ocorre um declínio progressivo da função respiratória associada a alterações estruturais e funcionais, como aumento da rigidez da parede torácica, diminuição da força e resistência da musculatura respiratória, perda do recolhimento elástico, redução da área de superfície alveolar e do número de capilares perfundidos no pulmão. No entanto, os estudos têm mostrado que não há redução significativa da reserva ventilatória [RV = (VVM − VE/VVM) × 100] e da saturação do O_2 no indivíduo idoso[7]. Embora ocorra uma redução gradual dos números de capilares ao redor da fibra muscular ao longo dos anos, tal redução parece estar relacionada apenas às fibras do tipo II, rápidas, de alto potencial glicolítico e menor eficácia na utilização do O_2. Assim, o sistema respiratório no idoso parece não ter influência significativa na redução do VO_2máx.

A capacidade oxidativa da mitocôndria no músculo esquelético está diminuída no idoso e pode ser uma causa importante na redução do VO_2. Mesmo com a perda progressiva da massa muscular e reduções da força e flexibilidade dos músculos nesses indivíduos, parece não haver diminuição do volume das mitocôndrias. Porém, estudos têm demonstrado prejuízo na função da mitocôndria no idoso em decorrência da queda da atividade da citocromo oxidase.

Em relação às outras variáveis do teste cardiopulmonar, algumas alterações são esperadas nos idosos, quando comparados aos indivíduos mais jovens. Os valores dos equivalentes ventilatórios de O_2 e CO_2 (VE/VO_2 e VE/VCO_2) são maiores nas mulheres e nos idosos, e os valores esperados da pressão expiratória final de CO_2 ($PETCO_2$) na carga zero, no limiar anaeróbico e no exercício máximo são menores no idoso. Os limiares anaeróbios, em relação ao predito para a idade, tendem a ser mais tardios no idoso.

Conforme já salientado no início deste capítulo, a ergoespirometria é um método útil na avaliação de idosos, pois acrescenta a todas as variáveis do teste ergométrico tradicional aquelas relacionadas à determinação da capacidade aeróbica real (consumo máximo de oxigênio e limiares ventilatórios).

Outras variáveis (VE/VO_2 e VE/VCO_2 dentre outras), que refletem a eficiência ventilatória durante a atividade física, ajudam a entender as limitações fisiológicas impostas pelo envelhecimento no indivíduo saudável, seja ele sedentário ou atleta.

REFERÊNCIAS BIBLIOGRÁFICAS

1. Meneghelo RS, Araújo CGS, Stein R, Mastrocolla LE, Albuquerque PF, Serra SM, et al. Sociedade Brasileira de Cardiologia. III Diretrizes da Sociedade Brasileira de Cardiologia sobre o Teste Ergométrico. Arq Bras Cardiol. 2010;95(5supl.1):1-26.
2. Fletcher GF, Ades PA, Kligfield P, Arena R, Balady GJ, Bittner VA, et al. Exercise standards for testing and training: a scientific statement from the American Heart Association. Circulation. 2013;128:873-934.
3. Herdy AH, López-Jimenez F, Terzic CP, Milani M, Stein R, Carvalho T; Sociedade Brasileira de Cardiologia. Diretriz sul-americana de prevenção e reabilitação cardiovascular. Arq Bras Cardiol. 2014;103(2Supl.1):1-31.
4. Betik AC, Hepple RT. Determinants of VO_2 max decline with aging: an integraded perspective. Appl Physiol Nutr Metab. 2008;33:130-40.
5. Neder JA, Nery LE. Fisiologia clínica do exercício: teoria e prática. São Paulo: Artes Médicas. cap. II.5; 2003. pp. 213-55.
6. Shephard RJ, Fahey TD. Aging and exercise. In: Fahey TD (ed.). Encyclopedia of sports medicine and science. Wellington: International Society of Sports Medicine; 1998.
7. Burtscher M. Exercise limitations by the oxygen delivery and utilization systems in aging and disease: coordinated adaptation and deadaptation of the lung-heart muscle axis: a mini-review. Gerontology. 2013;59:289-96.

CAPÍTULO 11

Papel da ecocardiografia na identificação das modificações fisiológicas e nas doenças cardíacas em idosos

Jeane M. Tsutsui
Valdir Ambrósio Moises
Wilson Mathias Jr.

INTRODUÇÃO

O envelhecimento está associado a uma série de alterações cardiovasculares, caracterizadas por perda da elasticidade das artérias de pequeno e grande calibre com aumento de fibroblastos e consequente elevação da resistência arterial e redução da complacência ventricular esquerda. Dessa forma, a diferenciação entre as alterações fisiológicas que ocorrem com o aumento da idade e os estados patológicos é de fundamental importância na avaliação cardiovascular desse crescente grupo de pacientes. A ecocardiografia é um método não invasivo amplamente disponível, que permite uma adequada avaliação das alterações anatômicas e funcionais que costumam ocorrer no coração do idoso, que incluem o aumento da espessura miocárdica e a alteração do relaxamento do ventrículo esquerdo, a dilatação do átrio esquerdo, e o espessamento e a calcificação valvares. Além disso, as diferentes modalidades da ecocardiografia Doppler auxiliam na confirmação do diagnóstico clínico e na detecção de várias cardiopatias relacionadas com o avançar da idade, entre elas as valvopatias, principalmente a estenose aórtica degenerativa e insuficiência mitral secundária a calcificação do anel mitral ou prolapso valvar, a cardiomiopatia hipertrófica primária ou secundária à hipertensão arterial ou amiloidose senil.

MUDANÇAS FISIOLÓGICAS QUE COSTUMAM SER ENCONTRADAS NO IDOSO

Função sistólica do ventrículo esquerdo

Uma das principais indicações da ecocardiografia é a avaliação da função sistólica ventricular, geralmente expressa pelos índices de performance sistólica. A porcentagem de encurtamento (percentual de diminuição do diâmetro ventricular esquerdo durante a sístole) é calculada pelo modo M ou com medidas lineares na imagem bidimensional e pode ser usada como um método rápido para estimativa da performance ventricular. Entretanto, esse índice apresenta importantes limitações em casos de dilatação ventricular e de alteração da contração segmentar. A fração de ejeção, calculada pelo modo bidimensional utilizando o método de Simpson, é mais fidedigna, apresentando boa correlação com a angiografia mesmo em casos de disfunção segmentar ou dilatação das cavidades ventriculares.

Vários estudos têm demonstrado que, fisiologicamente, a função sistólica do ventrículo esquerdo é mantida dentro da faixa de normalidade com o decorrer da idade. Slotwiner et al. estudaram 464 indivíduos adultos sem doenças cardiovasculares e observaram que, com aumento da idade, ocorre uma progressiva e discreta diminuição dos índices de performance sistólica do ventrículo esquerdo, medidos pelo ecocardiograma. Entretanto, essa diminuição estava relacionada com uma menor cavidade ventricular esquerda e aumento da resistência periférica observada nos indivíduos mais idosos[1].

Função diastólica do ventrículo esquerdo

A função diastólica normal é clinicamente definida como a habilidade do ventrículo esquerdo de acomodar ativamente por efeito de sucção e passivamente como câmara receptora, um adequado volume de enchimento para manter o débito cardíaco normal, mantendo baixas pressões de enchimento. A diástole inclui o período de relaxamento isovolumétrico, que se inicia logo após o fechamento da valva aórtica e perdura até a abertura da valva mitral, o período de enchimento ventricular esquerdo rápido, o período de enchimento ventricular esquerdo passivo, ou diástase, e finalmente o período de contração atrial, que termina com o fechamento da valva mitral.

Embora as medidas invasivas de pressões e volumes intraventriculares sejam consideradas o padrão-ouro para avaliação da função diastólica, essa avaliação é tecnicamente difícil, tornando-se pouco útil na prática clínica. Como a ecocardiografia pode ser realizada de forma relativamente rápida, não invasiva, com baixo custo e também permite a avaliação seriada dos pacientes, é a técnica de eleição para essa análise.

As velocidades do fluxo de enchimento ventricular esquerdo são obtidas com a amostra do Doppler pulsado posicionada entre as pontas das cúspides da valva mitral no plano apical de quatro câmaras, enquanto as velocidades do fluxo venoso pulmonar geralmente são obtidas com a amostra do Doppler pulsado posicionada a 1 cm da desembocadura das veias pulmonares. O fluxo venoso pulmonar pode ser obtido pela ecocardiografia transtorácica em cerca de 90% dos pacientes. Atualmente, os índices mais utilizados para o estudo da função diastólica são: velocidade máxima de enchimento ventricular esquerdo precoce (onda E), velocidade de enchimento ventricular esquerdo tardio (onda A), relação entre as velocidades precoce e tardia (relação E/A), velocidade inicial (relaxamento) do anel mitral ao Doppler tecidual (onda e') medida nas bordas septal e lateral, volume atrial esquerdo indexado e medidas da pressão pulmonar ou velocidade máxima do refluxo tricúspide ao Doppler contínuo.

Na maioria dos casos, uma cuidadosa avaliação desses índices combinados com os achados da ecocardiografia bidimensional pode fornecer uma estimativa acurada da função diastólica e das pressões de enchimento do ventrículo esquerdo. Vários estudos utilizando a ecocardiografia têm demonstrado que o aumento da idade está muitas vezes associado com um padrão anormal de enchimento ventricular esquerdo. Especificamente, em indivíduos idosos são comuns os achados de diminuição da velocidade da onda E, aumento da velocidade da onda A, diminuição da relação E/A, aumento do TRIV e um aumento do TD. No estudo Framingham, 127 indivíduos saudáveis com idade variando de 30 a 80 anos foram avaliados pela ecocardiografia com estudo do fluxo transvalvar mitral[2]. Nesse estudo foi demonstrado que a relação E/A passou de 2,1 ± 0,5 nos indivíduos com 30 anos para 0,8 ± 0,3 nos indivíduos com 80 anos. Pela análise multivariada, a relação E/A estava altamente correlacionada com a idade (r = −0,8; p < 0,0001), e uma relação E/A menor que 1,0 foi encontrada na maioria dos indivíduos com idade acima de 70 anos.

No *Cardiovascular Health Study*, estudo multicêntrico envolvendo 2.239 homens e 2.962 mulheres com idade acima de 65 anos submetidos a ecocardiografia com avaliação da função diastólica pelo Doppler, foi demonstrado que a velocidade da onda E diminuiu e a velocidade da onda A aumentou significativamente com a idade. No subgrupo de idosos saudáveis (n = 980), a relação E/A diminuiu com a idade tanto nos homens como nas mulheres, passando de 1,1 ± 0,3 nos idosos com idade entre 65 e 69 anos para 0,8 ± 0,2 naqueles com idade acima de 80 anos. Um aumento de 10 anos na idade foi associado com uma diminuição de 3,3 cm/s na velocidade da onda E, e um aumento de 6,5 cm/s na velocidade da onda A. Nesse mesmo estudo foi demonstrado que os pacientes que apresentavam insuficiência cardíaca ou hipertensão arterial apresentaram maiores valores de velocidade de onda A, mesmo após correção pela idade[3].

Klein et al.[4] estudaram 117 voluntários saudáveis utilizando a ecocardiografia, e demonstraram que tanto o TRIV (90 ± 17 versus 76 ± 11 ms) como o TD (210 ± 36 versus 179 ± 20 ms) foram mais prolongados nos indivíduos com idade ≥ 50 anos que nos indivíduos jovens (idade < 50 anos). Com relação ao fluxo venoso pulmonar, houve um aumento na velocidade de pico sistólica (71 ± 9 versus 48 ± 9 cm/s), diminuição da velocidade de pico diastólica (38 ± 9 versus 50 ± 10 cm/s) e aumento da velocidade de pico atrial pulmonar (23 ± 4 versus 19 ± 4 cm/s) no grupo com maior idade, quando comparado com o grupo jovem ($p < 0,01$ para todos os parâmetros). Recentemente, Salmasi et al.[5] avaliaram 100 voluntários normais submetidos à ecocardiografia em repouso e sob exercício isométrico. Os autores demonstraram que tanto a relação E/A como o TRIV reduziram-se de modo significativo com o avançar da idade. Também foi demonstrada, em repouso e durante o exercício isométrico, uma relação inversa entre a relação E/A e o índice de massa ventricular esquerda ($p < 0,01$). A contribuição da contração atrial para o fluxo diastólico total aumentou significativamente com o avançar da idade ($p < 0,02$), sobretudo durante o exercício. Os autores concluíram que o progredir da idade está associado com maior rigidez do ventrículo esquerdo, resultando em uma redução pela contração atrial, sendo esses efeitos exacerbados durante o exercício[5].

É por essa razão que as diretrizes recentes consideram a relação E/A acima de 0,8. Ou seja, em conjunto com outros fatores normais, a inversão isolada da relação E/A entre 0,8 e 1,0 pode ser simplesmente considerada parte do envelhecimento normal (Figura 1).

As anormalidades do relaxamento ventricular comumente encontradas nos idosos estão relacionadas com as alterações miocárdicas que ocorrem com o avançar da idade, incluindo o aumento do tecido conectivo e a redução do tônus beta-adrenérgico, e são independentes da massa ventricular, frequência cardíaca, contratilidade e condições de pré ou pós-carga. A Figura 1 é um exemplo do traçado de Doppler do fluxo diastólico mitral de um indivíduo idoso assintomático, com função sistólica preservada e inversão da relação E/A; entretanto, ainda normal para a idade de acordo com as novas diretrizes.

Padrões de disfunção diastólica

O uso integrado dessas modalidades permite a definição de quatro graus de disfunção diastólica (Figuras 2 e 3), que são os seguintes em ordem crescente de gravidade: grau I de disfun-

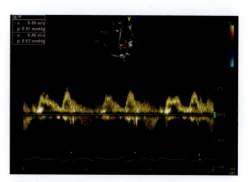

Figura 1 Exemplo ilustrativo de paciente de 75 anos de idade, assintomático, que apresenta função sistólica normal, como demonstrado pelo modo M do ventrículo esquerdo no nível dos músculos papilares (A), e fluxo de enchimento ventricular esquerdo obtido pelo Doppler pulsado (B) com velocidade de onda E menor que da onda A (relação E/A menor que 1,0). Esse padrão de enchimento ventricular esquerdo é frequente em indivíduos saudáveis com idade superior a 65 anos.

ção diastólica (relaxamento diastólico anormal); grau II (pseudonormal); graus III e IV (padrões restritivo reversível e irreversível com o tratamento otimizado, respectivamente). Esses padrões foram altamente preditores de mortalidade geral em um grande estudo epidemiológico, que mostrou que mesmo em pacientes assintomáticos o grau I de disfunção diastólica se associou a uma mortalidade em 3 a 5 anos, 5 vezes maior do que em pacientes normais.

Na maioria das cardiopatias, a disfunção diastólica se inicia com o aumento da pressão diastólica final do ventrículo esquerdo, quando o impacto desse aumento é nenhum ou muito pequeno nas pressões do átrio esquerdo. Quando a disfunção ventricular progride (grau II), o aumento da pressão diastólica resulta em aumento da pressão atrial esquerda, que por conseguinte gera um maior gradiente de pressão na protodiástole, ocasionando aumento do fluxo

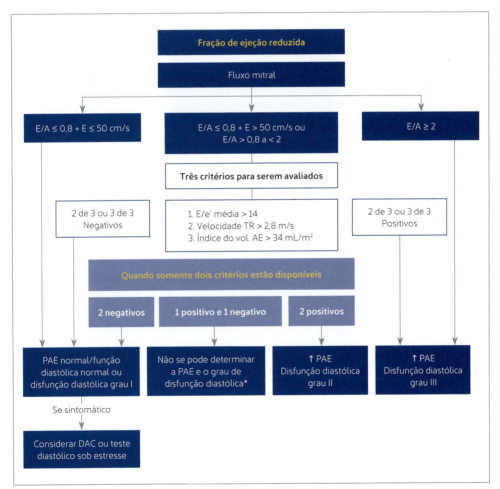

Figura 2 Estimativa das pressões na presença de fração de ejeção (FE) reduzida[26]. A: onda A; AE: átrio esquerdo; DAC: doença arterial coronária; E: onda E; PAE: pressão do átrio esquerdo; TR: velocidade de pico tricuspídea.
*A PAE é indeterminada se somente 1 de 3 parâmetros estiverem disponíveis.
** Relação S/D da veia pulmonar < 1 indica elevação da PAE.

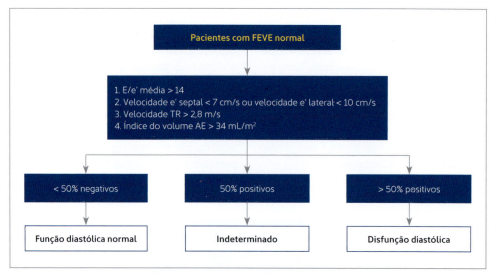

Figura 3 Estimativa das pressões de ventrículo esquerdo na presença de fração de ejeção normal[26].
AE: átrio esquerdo; FEVE: fração de ejeção do ventrículo esquerdo; TR: velocidade de pico tricuspídea.

nessa fase do ciclo cardíaco (grau II). Com o agravamento da cardiopatia, a pressão atrial esquerda aumenta sobremaneira, de forma que o fluxo atrioventricular passa a ocorrer quase que exclusivamente na protodiástole, momento em que a pressão diastólica do ventrículo esquerdo encontra-se no seu menor valor. Assim, nessa fase, quanto mais grave for a disfunção diastólica maior o fluxo na protodiástole.

Desse modo, o diagnóstico de disfunção diastólica, mesmo grau I, deve ser feito com cuidado em idosos, uma vez que a maioria dos pacientes com mais de 60 anos de idade sem história de cardiopatia tem uma relação E/A < 1,0 e tempo de desaceleração (TD) > 200 ms. Esses dados, na ausência de outros indicadores de cardiopatia, como hipertrofia, aumento do volume do AE etc., devem ser considerados habituais na faixa etária.

Pacientes com grau I de disfunção diastólica representam o primeiro estágio de disfunção diastólica e, em geral, têm pressões de enchimento de VE normais ou pouco elevadas. Assim, relação E/A < 0,8 e TD > 200 ms têm alta especificidade para relaxamento anormal do VE, mas podem ser vistos com pressões de enchimento do VE normais ou alteradas, dependendo de quão atrasado o relaxamento do VE está.

A maior dificuldade na definição desses padrões reside na diferenciação do padrão normal do grau II de disfunção diastólica (pseudonormal). Os achados que indicam disfunção diastólica grau II são aumento do volume do AE (VAE) indexado para a superfície corpórea, alterações ecocardiográficas sugestivas de cardiopatia, a redução maior que 0,5 ponto absoluto na relação E/A do influxo mitral com manobra de Valsava e velocidade do fluxo reverso na veia pulmonar > 0,35 m/s. Além deles, a duração da onda A do fluxo diastólico mitral menor que 30 ms em relação à duração da onda do fluxo reverso pulmonar de veia pulmonar é indicativa de pressão diastólica final elevada de VE, portanto, de padrão pseudonormal.

Na presença de disfunção diastólica importante (grau III), o padrão restritivo de enchimento do VE está presente, com E/A > 2, TD < 160 ms, TRIV < 60 ms, E/e' médio > 14 (ou E/e' septal > 15 ou E/e' lateral > 12), duração da onda A mitral 30 ms ou menos em relação à duração da onda do fluxo reverso em veia pulmonar. As Figuras 2 e 3 ilustram como graduar a função diastólica de acordo com as mais recentes diretrizes[6].

Já a disfunção diastólica verdadeira está associada a algumas cardiopatias que são frequentes no idoso, como a hipertensão arterial, doença arterial coronariana (DAC) aguda e crônica, e insuficiência cardíaca. Estas podem ser muito bem avaliadas pela ecocardiografia e definidas de acordo com seus padrões, em disfunção diastólica grau I, II, III e IV (Figura 4).

Massa ventricular esquerda e cavidades cardíacas

Os diâmetros ventriculares e a espessura miocárdica podem ser medidos pelo modo unidimensional ou bidimensional. A massa ventricular esquerda em geral é estimada a partir dos valores do diâmetro diastólico do ventrículo esquerdo, e da espessura do septo interventricular e da parede posterior, utilizando fórmulas já estabelecidas na literatura. Vários estudos ecocardiográficos e de necropsia, avaliando grande número de indivíduos normais sem história de hipertensão arterial ou outras doenças cardiovasculares, têm demonstrado aumento da espessura de parede e da massa ventricular esquerda com o avançar da idade. Entretanto, essas alterações são gradativas e costumam ser discretas, e a espessura absoluta de parede medida em indivíduos idosos, sem outras patologias concomitantes, raramente excede o limite superior da normalidade. Gardin et al.[7] avaliaram 136 adultos com idade entre 20 e 97 anos e demonstraram alterações progressivas da estrutura cardíaca com o avançar da idade, e a espessura de parede foi maior no grupo com idade superior a 70 anos que no grupo de pacientes jovens, com idade entre 21 e 30 anos. De forma semelhante, Pearson et al.[8] demonstraram que a espessura da parede posterior do ventrículo esquerdo medida pela ecocardiografia foi significativamente maior em indivíduos idosos que em indivíduos jovens (10 mm *versus* 8 mm, respectivamente, p < 0,05). Em um estudo envolvendo 5.201 participantes do multicêntrico *Cardiovas-*

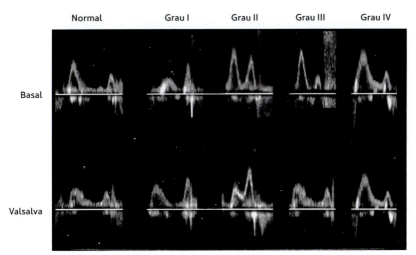

Figura 4 Padrões de influxo mitral nos quatro graus de disfunção diastólica. Grau I com redução da relação da onda E/A < 0,8 e aumento do tempo de desaceleração da onda E > 200 ms. Grau II com retorno ao normal da relação da onda E/A > 0,8 e redução do tempo de desaceleração da onda E > 160 e < 200 ms e redução da relação E/A após a manobra de Valsalva. Grau III com aumento expressivo da relação da onda E/A > 2,0 e redução do tempo de desaceleração da onda E < 160, com redução em mais de 50% na relação E/A. Grau IV com aumento expressivo da relação da onda E/A > 2,0 e redução do tempo de desaceleração da onda E < 160, em geral < 130 ms, já agora sem redução em mais de 50% na relação E/A.

cular Health Study, 2.239 homens e 2.962 mulheres com idade acima de 65 anos (média 73 ± 6 anos para os homens e 72 ± 5 anos para as mulheres) foram submetidos à avaliação ecodopplercardiográfica, sendo analisado o efeito da idade, sexo, hipertensão arterial e coronariopatia na massa ventricular esquerda e função sistólica do idoso. Foi demonstrado que a massa ventricular aumenta discretamente com a idade (p < 0,001). Mesmo após a correção para o peso corpóreo, a massa foi significativamente maior nos homens que nas mulheres, e maior nos pacientes com doença coronariana que nos indivíduos normais ou com hipertensão (p < 0,001)[9].

Embora alguns estudos tenham demonstrado pequenas alterações nos diâmetros ventriculares, geralmente eles permanecem inalterados no idoso, e o aumento da massa ventricular é decorrente do aumento na espessura e não dos diâmetros ventriculares[10]. Essa alteração parece ser uma resposta adaptativa ao aumento da pós-carga causada pela rigidez arterial que ocorre com o avançar da idade, assim como a diminuição da complacência arterial. Por outro lado, um significativo aumento nos diâmetros da raiz da aorta e do átrio esquerdo ocorre com o avançar da idade, principalmente quando os indivíduos com idade superior a 70 anos são comparados com os pacientes jovens (21 a 30 anos)[11]. Portanto, essas alterações relacionadas com a idade devem ser consideradas sobretudo ao avaliar as repercussões de outras cardiopatias nas dimensões das cavidades cardíacas.

Mudanças das valvas cardíacas

A ecocardiografia é o método de escolha para avaliação das valvas cardíacas. Enquanto o bidimensional permite uma completa avaliação anatômica das estruturas valvares, assim como das repercussões que possíveis sobrecargas de volume ou pressão possam exercer no ventrículo esquerdo, o mapeamento de fluxo em cores e o Doppler espectral permitem a determinação da gravidade das alterações de forma qualitativa e quantitativa.

Vários estudos demonstraram que o envelhecimento está associado a alterações valvares, sendo comuns o espessamento e a calcificação sobretudo nas valvas mitral e aórtica. Assim, depósitos de cálcio ocorrem na base das cúspides da valva aórtica, no anel e nas bordas das cúspides da valva mitral, que são facilmente detectadas pela ecocardiografia. Um achado comum no idoso é a chamada síndrome da calcificação senil, que consiste na tríade de calcificação da valva aórtica, calcificação do anel mitral e depósitos de cálcio nas artérias coronárias epicárdicas. Em um estudo que avaliou 200 casos de necrópsia, foi demonstrado que a espessura média encontrada em vários pontos das valvas mitral e aórtica aumenta significativamente com a idade, e nos indivíduos com idade acima de 60 anos as valvas apresentavam o dobro da espessura encontrada em indivíduos abaixo de 20 anos[12].

Em outro estudo prospectivo que incluiu 976 indivíduos idosos, com média etária de 82 ± 8 anos, a calcificação do anel mitral foi encontrada em 57% da população feminina e 47% da masculina[13]. A quantidade de cálcio detectada pela ecocardiografia no anel mitral pode variar desde pequenos pontos até uma grande massa localizada atrás da cúspide posterior, formando um anel que envolve toda a valva mitral (Figura 5). Esta pode levar à alteração na dinâmica das cúspides valvares e, consequentemente, à insuficiência mitral que costuma ser de grau discreto. Embora a calcificação possa restringir a movimentação das cúspides valvares, a estenose secundária ao processo de degeneração é mais rara. A calcificação do anel também pode resultar em ulceração e exposição dos depósitos de cálcio, levando a agregação plaquetária e fenômenos tromboembólicos.

A esclerose valvar aórtica, definida como calcificação e espessamento de uma valva aórtica trivalvular na ausência de obstrução na via de saída do ventrículo esquerdo, acomete cerca de 21 a 26% dos adultos com idade acima de 65 anos. Quando o grau de calcificação e espessamento é mais avançado, a diminuição da mobi-

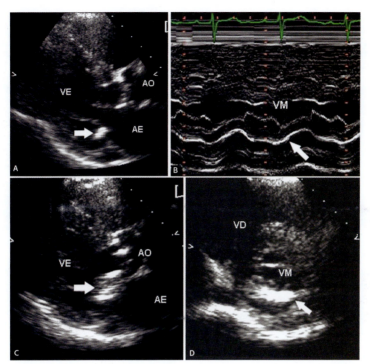

Figura 5 Exemplos de calcificação do anel mitral detectada pela ecocardiografia em indivíduos idosos. O painel A demonstra calcificação discreta e localizada na região posterior do anel mitral (seta), que não interfere na movimentação das cúspides valvares, como demonstrado pelo modo M da valva mitral (B, seta). Os painéis inferiores são imagens em corte paraesternal longitudinal (C) e transverso (D), demonstrando calcificação mais importante, acometendo maior porção do anel mitral (setas).
AE: átrio esquerdo; AO: aorta; VD: ventrículo direito; VE: ventrículo esquerdo; VM: valva mitral.

lidade dos folhetos valvares resulta em obstrução ao fluxo sanguíneo na via de saída do ventrículo esquerdo, causando a estenose aórtica (Figuras 6 e 7). Em um estudo de necrópsia, depósitos de cálcio na valva aórtica foram encontrados em 55% dos pacientes com idade entre 90 e 103 anos[14]. Lindroos et al.[15] estudaram 552 participantes do *Helsinki Ageing Study* que foram submetidos à ecocardiografia, com medida da área valvar aórtica obtida pela equação de continuidade e da relação de velocidade da via de saída do ventrículo esquerdo com a velocidade do fluxo através da valva aórtica. Calcificação aórtica discreta foi encontrada em 40% dos pacientes, e estenose significativa em 13%. A prevalência de estenose aórtica importante foi 2,9% no grupo com idade entre 75 e 86 anos, e insuficiência aórtica, geralmente de grau discreto, ocorreu em 29% da população de estudo, demonstrando que as alterações degenerativas da valva aórtica são comuns e facilmente detectadas pela avaliação ecodopplercardiográfica.

PAPEL DA ECOCARDIOGRAFIA NA AVALIAÇÃO DO IDOSO CARDIOPATA

Valvopatia aórtica degenerativa

A estenose aórtica degenerativa é a valvopatia mais comum nos idosos, afetando cerca de 2 a 3% dos indivíduos com idade superior a 65 anos. A prevalência da esclerose e da estenose

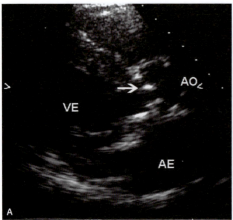 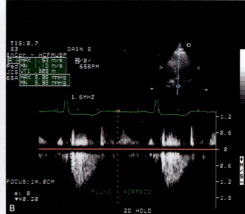

Figura 6 Imagem ecocardiográfica obtida em indivíduo idoso assintomático com achado de sopro sistólico ao exame físico. A: Corte paraesternal longitudinal demonstrando valva aórtica espessada com pontos de calcificação, e discreta redução da mobilidade (seta). B: Curva espectral do Doppler contínuo confirmou ausência de obstrução significativa na via de saída do ventrículo esquerdo (gradiente transvalvar máximo de 9 mmHg, e médio de 5 mmHg), caracterizando esclerose aórtica.
AE: átrio esquerdo; AO: aorta; VE: ventrículo esquerdo.

aórtica aumenta com a idade, sendo encontrada em 48% e 4%, respectivamente, dos adultos com mais de 85 anos[16]. A estenose aórtica é caracterizada por uma progressiva e lenta calcificação dos folhetos valvares, e os pacientes podem permanecer assintomáticos por um longo período de tempo. Uma vez sintomática, a manifestação clínica de estenose aórtica é devida à obstrução ao fluxo sanguíneo na via de saída do ventrículo esquerdo e aos efeitos hemodinâmicos que essa obstrução causa no ventrículo esquerdo e na microvasculatura. Uma vez sintomáticos, os pacientes com estenose aórtica apresentam um prognóstico ruim, a menos que sejam submetidos ao tratamento cirúrgico.

A ecocardiografia é o método de escolha para avaliação anatômica e funcional dos pacientes com estenose aórtica, fornecendo importantes informações não só para o diagnóstico, mas também para a avaliação prognóstica. Essa técnica permite a determinação da gravidade da estenose (Figura 7), a avaliação do ventrículo esquerdo à sobrecarga crônica de pressão, e a estimativa das pressões em artéria pulmonar. Além disso, possibilita a avaliação de outras alterações associadas a essa patologia, como a dilatação da aorta ascendente e a presença de valvopatia concomitante, como a insuficiência mitral.

A determinação da gravidade da estenose aórtica pela ecocardiografia baseia-se na medida do gradiente de pressão transvalvar aórtico e da área valvar. Sabe-se que a velocidade de fluxo através de um orifício estenótico está diretamente relacionada com o gradiente de pressão, como descrito pela equação de Bernoulli. Assim, utilizando-se o Doppler contínuo obtém-se a velocidade de fluxo através da valva aórtica estenótica e, pela equação simplificada de Bernoulli (Equação 1), é possível fazer a estimativa do gradiente de pressão transvalvar aórtico máximo e médio.

Equação 1:

$$\Delta P = 4 \times V^2,$$

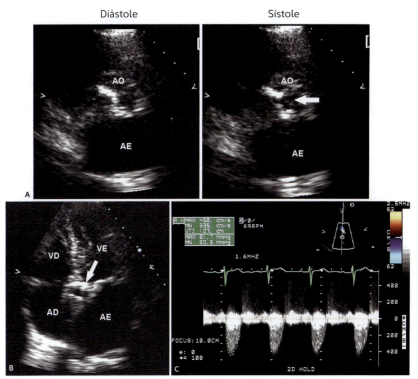

Figura 7 Imagens ecocardiográficas obtidas em paciente de 65 anos com sintomas de dispneia aos esforços. A: Corte transverso no nível da valva aórtica demonstrando calcificação dos folhetos e redução do grau de abertura valvar durante a sístole (seta). B: Importante calcificação da valva aórtica visualizada pelo corte apical de cinco câmaras. C: Curva espectral do Doppler contínuo mostrando gradiente transvalvar aórtico de 82 mmHg (máximo) e 51 mmHg (médio). Pelas características ecocardiográficas, a estenose aórtica foi classificada como de grau importante.
AD: átrio direito; AE: átrio esquerdo; AO: aorta; VD: ventrículo direito; VE: ventrículo esquerdo.

em que: ΔP = gradiente instantâneo de pressão em mmHg, e V = velocidade instantânea do fluxo em m/s, calculada por meio do Doppler espectral.

A estimativa da área valvar aórtica pela ecocardiografia é realizada baseando-se no princípio da conservação da massa, que determina que o fluxo de sangue que passa através da via de saída do ventrículo esquerdo é o mesmo que passa através da valva aórtica. O fluxo sanguíneo em um determinado local pode ser calculado multiplicando-se a área secional transversa pela integral de tempo-velocidade nesse local. Desse modo, pela equação de continuidade (Equação 2) é possível calcular a área valvar aórtica.

Equação 2:

$$\text{Área VAo} = \frac{\text{Área VSVE} \times \text{VTI VSVE}}{\text{VTI VAo}}$$

Em que: Área VAo = área valvar aórtica; Área VSVE = área da via de saída do ventrículo esquerdo calculada pela medida do diâmetro nesse local pela ecocardiografia bidimensional; VTI VSVE = integral de tempo-velocidade na via de saída do ventrículo esquerdo; e VTI VAo = integral de tempo-velocidade através da valva aórtica (obtidos pelo Doppler espectral pulsado e contínuo, respectivamente).

Vários estudos demonstraram que a determinação dos gradientes transvalvares e da área valvar pela ecocardiografia, pela equação simplificada de Bernoulli, é altamente acurada, sendo comparável com medidas por técnicas invasivas. A medida do gradiente máximo de pressão obtido pelo Doppler é um pouco maior que o gradiente pico a pico (diferença entre a pressão de pico no ventrículo esquerdo e na aorta) obtido pelo cateterismo cardíaco, uma vez que nesse último a determinação da pressão máxima no ventrículo esquerdo e na aorta ocorre em diferentes momentos, podendo levar a uma subestimativa do gradiente máximo de pressão[17]. Vale ressaltar que a medida do gradiente médio pelo Doppler apresenta melhor correlação com o gradiente médio obtido pelo cateterismo cardíaco, uma vez que ambos representam uma média das diferenças de pressão durante toda a fase de ejeção ventricular esquerda.

Essa avaliação permite uma adequada estratificação do grau de estenose, mesmo nos pacientes com disfunção ventricular, em que o gradiente de pressão transvalvar pode estar reduzido. Quando os achados do ecocardiograma transtorácico são duvidosos, ou há limitações técnicas para uma análise adequada, o ecocardiograma transesofágico pode fornecer informações anatômicas e funcionais adicionais, por permitir uma maior resolução na avaliação bidimensional da valva aórtica, ou melhorar o acesso acústico para estimativa do gradiente transvalvar aórtico pelo Doppler espectral.

Há casos em que não é possível determinar se a restrição à abertura valvar aórtica é devida à excessiva rigidez de suas válvulas ou a um reduzido volume de ejeção. Esta última possui duas subclassificações da estenose valvar aórtica conhecidas como estenose valvar aórtica com função ventricular esquerda preservada e baixo fluxo e estenose valvar aórtica com função ventricular esquerda reduzida e baixo fluxo. Quando a estenose é de grau discreto a moderado, o aumento do fluxo volumétrico transvalvar aórtico com exercício ou uso de agente inotrópico resultará em um aumento significativo na área valvar (> 0,3 cm^2), pois as válvulas ainda flexíveis apresentarão maior abertura. Por outro lado, nos pacientes com estenose aórtica crítica real, a área valvar geralmente apresenta pouca ou nenhuma mudança com o aumento do fluxo, por conta da limitação anatômica que impede sua maior abertura.

A ecocardiografia também é utilizada para o acompanhamento, a indicação do tratamento cirúrgico e a avaliação prognóstica dos pacientes com estenose aórtica. A presença de calcificação valvar moderada a importante, associada com uma rápida progressão no gradiente transvalvar, identifica um subgrupo de pacientes assintomáticos com prognóstico reservado, que provavelmente desenvolverão sintomas em curto espaço de tempo.

A detecção de esclerose aórtica pela ecocardiografia mostrou-se importante preditor prognóstico de morte cardíaca e não cardíaca na população de idosos, mesmo em indivíduos assintomáticos. Otto et al.[18] estudaram 5.621 indivíduos com idade acima de 65 anos pela ecocardiografia, e 69% apresentaram valva aórtica normal, 29% esclerose aórtica e 2% estenose aórtica. Os autores demonstraram que há elevação significativa da mortalidade por todas as causas e mortalidade cardíaca com o aumento das alterações valvares detectadas ao ecocardiograma. Nos idosos com valva normal, as incidências de morte por causa geral e cardíaca foram de 14,9% e 6,1%; nos idosos com esclerose aórtica essas taxas foram de 21,9 e 10,1%, respectivamente, e nos idosos com estenose aórtica foram de 41,3% e 19,6%. O risco relativo de infarto do miocárdio foi de 1,4 para os idosos com esclerose aórtica, quando comparados com os idosos que apresentavam valva aórtica normal. Portanto, os resultados desse estudo enfatizam a importância da avaliação ecocardiográfica na população de idosos, uma vez que o achado de esclerose valvar está associado com um aumento no risco de morte e infarto, mesmo na ausência de obstrução significativa na via de saída do ventrículo esquerdo.

Papel da ecocardiografia no diagnóstico e manuseio de pacientes idosos com insuficiência cardíaca

A insuficiência cardíaca é comum na população de idosos, acometendo mais de 10% dos indivíduos com idade entre 80 e 90 anos com alta taxa de morbidade e mortalidade. Embora o diagnóstico de insuficiência cardíaca seja clínico, a ecocardiografia fornece informações quanto à possível etiologia da insuficiência cardíaca e permite a avaliação da função sistólica e diastólica do ventrículo esquerdo, do débito cardíaco, assim como a estimativa das pressões na artéria pulmonar e pressões de enchimento ventricular.

Também permite a quantificação do grau de comprometimento da função sistólica, importante marcador prognóstico em pacientes com insuficiência cardíaca, assim como a detecção de alterações da contração segmentar, indicativo de doença arterial coronariana (Figura 8). A insuficiência mitral é bastante comum em pacientes com disfunção sistólica e dilatação do ventrículo esquerdo. A dilatação secundária do anel mitral prejudica a coaptação adequada das

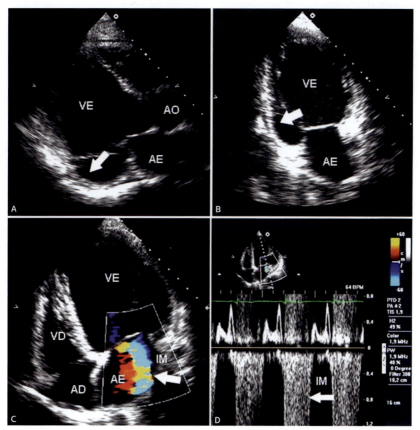

Figura 8   Imagens ecocardiográficas de paciente de 72 anos com infarto prévio e sintomas de insuficiência cardíaca. O ecocardiograma demonstrou disfunção ventricular importante, com fração de ejeção estimada em 30% e área de acinesia em parede inferior, como demonstrado nos cortes paraesternal longitudinal (A, seta) e apical de duas câmaras (B, seta). A análise dos fluxos pelo mapeamento de fluxo a cores (C) e Doppler p pulsado (D) mostrou insuficiência mitral de grau moderado.

AD: átrio direito; AE: átrio esquerdo; AO: aorta; IM: insuficiência mitral; VD: ventrículo direito; VE: ventrículo esquerdo.

cúspides valvares, sendo geralmente associada com insuficiência valvar central. Se a morfologia da valva mitral é normal, o grau de insuficiência mitral raramente é significativo, exceto em casos extremos de disfunção ventricular, em que a causa da insuficiência é o afastamento dos músculos papilares do anel valvar, sendo nesse caso os folhetos e as cordoalhas absolutamente normais.

Uma vez que a insuficiência mitral primária ou orgânica também pode levar a sintomas de insuficiência cardíaca, essa diferenciação é importante para o manuseio dos pacientes. Quando a disfunção ventricular é secundária à insuficiência mitral, a valva mitral geralmente apresenta anormalidades estruturais que são facilmente detectadas pela ecocardiografia bidimensional. Nessas situações o grau da insuficiência mitral é importante, jatos excêntricos são frequentemente encontrados, como em direção oposta a uma cúspide com prolapso ou com rotura de cordoalha, ou na mesma direção que uma cúspide com fibrose e restrição de movimento.

Cerca de 50% dos pacientes idosos com sintomas de insuficiência cardíaca, portadores de insuficiência cardíaca diastólica, apresentam função sistólica preservada. Na população de idosos, as curvas de sobrevida entre pacientes com sintomas de insuficiência cardíaca e função sistólica normal ou deprimida não diferem significativamente. Aronow et al.[13] demonstraram uma mortalidade de 24% nos pacientes com média etária de 80 anos e sintomas de insuficiência cardíaca que apresentavam função sistólica preservada.

A disfunção diastólica inclui as alterações do relaxamento ventricular (relaxamento ativo ou energético-dependente alterado) e da complacência ventricular (alterações das propriedades elásticas do miocárdio) e pode ocorrer antes do desenvolvimento de qualquer outra alteração estrutural ventricular detectável pela ecocardiografia transtorácica. A disfunção diastólica pode ser resultante de fatores como a isquemia miocárdica, hipertrofia miocárdica, redução do tônus beta-adrenérgico e aumento do tecido conectivo. A hipertensão arterial e a doença arterial coronariana são as duas principais causas de disfunção diastólica no idoso. O quadro clínico típico de disfunção diastólica nessa população se caracteriza por pacientes do sexo feminino, com hipertensão arterial crônica, hipertrofia ventricular, intolerância ao exercício e ocasionais exacerbações agudas de dispneia (edema pulmonar).

Embora a maioria dos parâmetros de enchimento ventricular esquerdo possa ser afetada pelo aumento da idade, valores normais devem ser considerados para cada grupo etário, que permitam a diferenciação entre o fisiológico e o patológico. Para indivíduos com idade maior que 60 anos, os valores extremos obtidos pela adição de 2 desvios-padrão à média dos valores obtidos em indivíduos normais podem ser usados como uma referência anormal para a idade. Sagie et al.[19] estudaram o fluxo transvalvar mitral pelo Doppler em 114 indivíduos idosos com idade entre 70 e 87 anos (média de 76 anos) e estabeleceram valores de normalidade em idosos saudáveis. Nesse estudo, 87% dos idosos apresentaram relação E/A menor que 1,0. Gardin et al. avaliaram o padrão de função diastólica utilizando a ecocardiografia em vários subgrupos de indivíduos idosos. Os autores encontraram diminuição da velocidade de enchimento rápido, aumento da velocidade de contração atrial, com diminuição da relação E/A com o aumento da idade e presença de hipertensão arterial. Entretanto, pela análise multivariada, os pacientes que apresentavam insuficiência cardíaca por conta da disfunção diastólica apresentaram alterações maiores que o grupo de idosos assintomáticos, com a mesma idade. Essa diferença foi relacionada com um aumento na diferença entre a pressão no átrio esquerdo e no ventrículo esquerdo na fase inicial da diástole[23].

Assim, uma relação E/A menor que 0,8, uma relação entre as velocidades da onda E do influxo mitral com e' maiores que 14, um jato de regurgitação tricúspide com velocidade ao Doppler contínuo > 2,8 m/s e um volume atrial esquerdo > 34 mL/m^2 são valores extremos raramente encontrados em idosos saudáveis, sendo comuns em idosos com insuficiência cardíaca (Figura 2).

A presença de padrão de enchimento restritivo tem importantes implicações prognósticas. Em pacientes com cardiomiopatia dilatada, esse padrão é mais preditivo de desenvolvimento de sintomas importantes que os índices de função sistólica.

Avaliação da hipertrofia ventricular esquerda patológica

Em razão da alta incidência de hipertensão nos indivíduos idosos, o achado de hipertrofia ventricular é bastante comum nessa população, e a avaliação ecocardiográfica é fundamental não só para o diagnóstico de hipertrofia, mas também por causa de suas implicações prognósticas. Dados do *Framingham Heart Study* indicam que a hipertrofia ventricular esquerda é um preditor independente de morbidade e mortalidade. Nesse estudo, 3.220 pacientes com idade superior a 40 anos e sem cardiopatia detectada clinicamente foram submetidos a ecocardiografia e acompanhados por um período de 4 anos. O aumento da massa ventricular esquerda foi associado a um maior risco de morte de causa geral, morte de causa cardíaca e acidente vascular cerebral[20]. No subgrupo de 1.230 idosos (idade acima de 60 anos) que participaram do estudo Framingham, a massa ventricular esquerda determinada pela ecocardiografia e corrigida pela altura foi um preditor independente de risco de acidente vascular cerebral e ataque isquêmico transitório, fornecendo dados prognósticos adicionais aos fatores de risco já conhecidos para doença isquêmica cerebral.

Vale ressaltar a importância da diferenciação entre a hipertrofia miocárdica secundária à hipertensão arterial e a cardiomiopatia hipertrófica que pode ocorrer nos indivíduos idosos. A cardiomiopatia hipertrófica no idoso apresenta algumas características ecocardiográficas especiais, embora a maioria dos achados clínicos e ecocardiográficos sejam comuns aos encontrados nos pacientes jovens. Diferenças na magnitude e extensão da hipertrofia entre pacientes com diferentes idades têm sido observadas. Spirito e Maron[21] estudaram pacientes com cardiomiopatia hipertrófica com idade entre 21 e 74 anos, e demonstraram que a espessura de parede era maior entre os indivíduos mais jovens (21 a 30 anos), e os pacientes com idade acima de 40 anos tinham hipertrofia mais leve. De forma geral, valores extremos de hipertrofia estão geralmente restritos a indivíduos jovens com essa patologia, e formas morfológicas mais discretas são mais comuns nos idosos. A maioria dos idosos com cardiomiopatia hipertrófica possui uma espessura de parede máxima entre 18 e 22 mm, e raramente excede 25 mm. Além da magnitude, a distribuição e extensão da hipertrofia miocárdica também parece estar relacionada à idade. A comparação das características ecocardiográficas de pacientes com idade acima de 65 anos com as de pacientes mais jovens (idade < 35 anos) demonstra um envolvimento menos difuso nos indivíduos idosos. Nessa população, a hipertrofia acomete preferencialmente o septo interventricular, e em geral está restrita ao segmento basal, criando o aspecto ecocardiográfico de abaulamento septal. Por outro lado, pacientes jovens portadores de cardiomiopatia hipertrófica costumam apresentar um padrão de hipertrofia mais difuso, envolvendo o septo interventricular e as paredes anterior e lateral, sendo o achado de hipertrofia restrita ao segmento basal do septo menos comum. Em um estudo comparando a distribuição da hipertrofia em pacientes com cardiomiopatia hipertrófica, 72% dos pacientes idosos tinham hipertrofia restrita ao septo, enquanto 36% dos pacientes jovens apresentavam apenas hipertrofia septal[22]. A obstrução na via de saída do ventrículo esquerdo também é mais comum nessa faixa etária, ocorrendo em cerca de 75 a 80% dos pacientes idosos com cardiomiopatia hipertrófica. Embora a explicação para esse achado não esteja clara, é possível que seja devida às características morfológicas de hipertrofia basal do septo, associada a uma menor via de saída do ventrículo esquerdo.

Geralmente a hipertrofia secundária à hipertensão arterial é mais discreta e difusa que na cardiomiopatia hipertrófica. Entretanto, alguns idosos com hipertensão podem apresentar hipertrofia importante, tornando o diagnóstico diferencial difícil entre essas duas condições patológicas. Os aspectos ecocardiográficos que devem ser considerados são a distribuição da hipertrofia, com padrão de hipertrofia simétrica nos hipertensos e hipertrofia assimétrica em mais de 95% dos idosos com cardiomiopatia hipertrófica, mais pronunciada no septo interventricular, e a presença de obstrução na via de saída do ventrículo esquerdo. Essas características, associadas à história familiar de cardiomiopatia hipertrófica ou antecedente de hipertensão arterial, permitem o diagnóstico na maioria dos casos.

Outra doença que deve ser considerada em idosos com hipertrofia miocárdica é a amiloidose. A amiloidose senil é um achado de necrópsia frequentemente encontrado em indivíduos com idade acima de 80 anos. É uma causa incomum de insuficiência cardíaca e síncope. Os critérios ecocardiográficos para o diagnóstico de amiloidose incluem aumento da ecogenicidade miocárdica, aumento da espessura de parede, aumento da espessura do septo interatrial e espessamento das valvas. Esses critérios, porém, não estão completamente validados no idoso, que pode apresentar espessamento valvar por causa do processo degenerativo senil.

PAPEL DA ECOCARDIOGRAFIA SOB ESTRESSE NO DIAGNÓSTICO E MANUSEIO DE PACIENTES IDOSOS COM DAC

Na população de indivíduos idosos, a prevalência de DAC é alta, sendo a principal causa de morte cardíaca. Portanto, um apropriado diagnóstico por teste não invasivo é fundamental para o manuseio e acompanhamento dos idosos.

A ecocardiografia possibilita a avaliação de todos os segmentos miocárdicos do ventrículo esquerdo, permitindo a detecção de alterações da contração segmentar em tempo real, tanto em repouso como durante o estresse. As alterações da contração segmentar ocorrem segundos após a oclusão coronariana e persistem durante todo o processo isquêmico do miocárdio, sendo, portanto, marcador específico de coronariopatia. Dessa forma, a ecocardiografia tem se mostrado um excelente método de triagem em indivíduos com suspeita de DAC, assim como para estratificação de risco naqueles pacientes com a doença conhecida. Além de afastar outras causas de dor precordial, como dissecção de aorta, pericardite, embolia pulmonar, esse método também fornece uma série de informações sobre a função ventricular esquerda e viabilidade miocárdica, com importantes implicações terapêuticas e prognósticas em pacientes com IAM.

A ecocardiografia sob estresse é um método já estabelecido para avaliação de pacientes com DAC, exercendo importante papel na determinação do seu diagnóstico e prognóstico, na avaliação do impacto de terapias de revascularização, na detecção de viabilidade miocárdica e no auxílio às decisões terapêuticas. O estresse cardiovascular causa isquemia miocárdica em regiões supridas por uma artéria com grau significativo de estenose, e obedece a uma sequência de eventos conhecidos por cascata isquêmica, em que ocorrem inicialmente fenômenos metabólicos, perfusionais, de alterações da contração segmentar e, finalmente, alterações eletrocardiográficas e dor precordial. Os métodos disponíveis para a indução do estresse são esforço físico (esteira ou bicicleta ergométrica), estimulação atrial transesofágica, uso de drogas vasodilatadoras (dipiridamol e adenosina) ou de estimulantes adrenérgicos (dobutamina).

As técnicas de ecocardiografia sob estresse apresentam boa acurácia para detecção de isquemia miocárdica induzida, em pacientes com probabilidade pré-teste intermediária ou alta. Quando comparada ao teste ergométrico, a ecocardiografia sob estresse tem maior sensibilidade e especificidade para o diagnóstico de DAC e apresenta valor clínico adicional na detecção e localização da isquemia miocárdica.

O teste de esforço isolado ou associado a cintilografia miocárdica ou a ecocardiografia é uma ferramenta útil para avaliação dos idosos que conseguem realizar um esforço vigoroso. Entretanto, vale ressaltar que os idosos são menos capazes de atingir um nível de esforço suficiente para uma adequada avaliação diagnóstica por problemas osteoarticulares, vasculopatia periférica, doenças pulmonares ou outras patologias que frequentemente acarretam limitação física nos idosos. Para esses pacientes, o estresse farmacológico, incluindo dobutamina, dipiridamol ou adenosina, é uma boa alternativa.

Enquanto a ecocardiografia pela dobutamina e pelo exercício apresenta acurácia diagnóstica semelhante (83 e 85%, respectivamente), a ecocardiografia sob estresse pelo dipiridamol, em alguns estudos, apresenta uma acurácia diagnóstica um pouco menor, e essa diferença pode ser atribuída a uma menor sensibilidade do dipiridamol na identificação de pacientes com doença uniarterial[23]. Como com outros métodos não invasivos, a sensibilidade da ecocardiografia sob estresse é maior em pacientes com doença multiarterial do que em uniarteriais, em pacientes com infarto miocárdico prévio e naqueles com lesões > 70% de obstrução.

Em indivíduos com DAC, a função ventricular esquerda determinada pela ecocardiografia em repouso é um excelente marcador de prognóstico de morte cardíaca, enquanto a isquemia induzida durante o estresse prediz efetivamente a recorrência de angina e de morte, de forma adicional à simples avaliação da função em repouso. Um estudo de ecocardiografia sob estresse negativa em pacientes com função ventricular esquerda normal ou levemente deprimida tem um excelente valor preditivo negativo para morte e infarto, porém um teste positivo em indivíduos com disfunção em repouso confere risco de morte em 1 ano superior a 10%[23].

Arruda et al.[24] estudaram 2.632 pacientes com idade ≥ 65 anos, que se submeteram à ecocardiografia sob estresse pelo esforço físico. Os autores demonstraram que o eletrocardiograma de esforço apresentou valor preditivo para eventos cardíacos superiores às características clínicas, incluindo idade, diabetes e infarto miocárdico prévio, e ao ecocardiograma em repouso (p = 0,003). Entre as variáveis, a carga máxima atingida durante o esforço foi o fator mais importante para predizer eventos cardíacos. As variáveis obtidas pela ecocardiografia sob esforço, especialmente a mudança no volume sistólico final com o esforço e a fração de ejeção no esforço, apresentaram valor adicional como preditores de morte e infarto do miocárdio, confirmando o valor do método na avaliação prognóstica dos idosos.

Poldermans et al.[25] estudaram o valor prognóstico da ecocardiografia sob estresse pela dobutamina em 177 pacientes idosos (média etária de 75 anos, variando de 70 a 90 anos) que não puderam realizar o exercício. Nesse estudo, o único preditor independente para eventos cardíacos incluindo morte cardíaca, infarto do miocárdio e angina instável foi a detecção de novas alterações da contração segmentar durante a ecocardiografia sob estresse, um indicador de isquemia miocárdica.

A Figura 9 exemplifica um idoso com isquemia em parede anterior detectada pela ecocardiografia pela dobutamina.

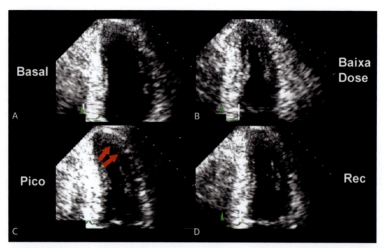

Figura 9 Imagens ecocardiográficas de paciente de 73 anos que foi avaliado por ecocardiografia sob estresse pela dobutamina com queixas de dor precordial aos esforços. A: Plano apical de duas câmaras com imagem ao fim de sístole, demonstrando motilidade normal da parede anterior; B: melhora na motilidade; C: com deterioração (hipocinesia) em relação a A e B. Quadro D na fase de recuperação com retorno aos padrões de repouso.

REFERÊNCIAS BIBLIOGRÁFICAS

1. Slotwiner DJ, Devereux RB, Schwartz JE, Pickering TG, de Simone G, Ganau A, et al. Relation of age to left ventricular function in clinically normal adults. Am J Cardiol. 1998;82:621-6.
2. Benjamin EJ, Levy D, Anderson KM, Wolf PA, Plehn JF, Evans JC, et al. Determinants of Doppler indexes of left ventricular diastolic function in normal subjects (the Framingham Heart Study). Am J Cardiol. 1992;70:508-15.
3. Gardin JM, Arnold AM, Bild DE, Smith VE, Lima JAC, Klopfenstein HS, et al. Left ventricular diastolic filling in the elderly: the cardiovascular health study. Am J Cardiol. 1998;82:345-51.
4. Klein AL, Burstow DJ, Tajik AJ, Zachariah PK, Bailey KR, Seward JB. Effects of age on left ventricular dimensions and filling dynamics in 117 normal persons. Mayo Clin Proc. 1994;69:212-24.
5. Salmasi AM, Alimo A, Jepson E, Dancy M. Age-associated changes in left ventricular diastolic function are related to increasing left ventricular mass. Am J Hypertens. 2003;16:473-7.
6. Nagueh SF, Smiseth OA, Appleton CP, Byrd BF 3rd, Dokainish H, Edvardsen T, et al. Recommendations for the evaluation of left ventricular diastolic function by echocardiography: an update from the American Society of Echocardiography and the European Association of Cardiovascular Imaging. J Am Soc of Echocardiogr. 2016;29(4):277-314.
7. Gardin JM, Henry WL, Savage DD, Ware JH, Burn C, Borer JS. Echocardiographic measurements in normal subjects: evaluation of an adult population without clinically apparent heart disease. J Clin Ultrasound. 1979;7:439-47.
8. Pearson AC, Gudipati CV, Labovitz AJ. Effects of aging on left ventricular structure and function. Am Heart J. 1991;121:871-5.
9. Gardin JM, Siscovick D, Anton-Culver H, Lynch JC, Smith VE, Klopfenstein HS, et al. Sex, age, and disease affect echocardiographic left ventricular mass and systolic function in the free-living elderly. The Cardiovascular Health Study. Circulation. 1995;91:1739-48.
10. Ganau A, Saba PS, Roman MJ, de Simone G, Realdi G, Devereux RB. Ageing induces left ventricular concentric remodelling in normotensive subjects. J Hypertens. 1995;13:1818-22.
11. Henry WL, Gardin JM, Ware JH. Echocardiographic measurements in normal subjects from infancy to old age. Circulation. 1980;62:1054-61.
12. Sahasakul Y, Edwards WD, Naessens JM, Tajik AJ. Age-related changes in aortic and mitral valve thick-

ness: implications for two-dimensional echocardiography based on an autopsy study of 200 normal human hearts. Am J Cardiol. 1988;62:424-30.
13. Aronow WS, Schwartz KS, Koenigsberg M. Correlation of murmurs of mitral stenosis and mitral regurgitation with presence or absence of mitral anular calcium in persons older than 62 years in a long-term health care facility. Am J Cardiol. 1987;59:181-2.
14. Waller BF, Roberts WC. Cardiovascular disease in the very elderly. Analysis of 40 necropsy patients aged 90 years or over. Am J Cardiol. 1983;51:403-21.
15. Lindroos M, Kupari M, Heikkila J, Tilvis R. Prevalence of aortic valve abnormalities in the elderly: an echocardiographic study of a random population sample. J Am Coll Cardiol. 1993;21:1220-5.
16. Stewart BF, Siscovick D, Lind BK, Gardin JM, Gottdiener JS, Smith VE, et al. Clinical factors associated with calcific aortic valve disease. Cardiovascular Health Study. J Am Coll Cardiol. 1997;29:630-4.
17. Currie PJ, Hagler DJ, Seward JB, Reeder GS, Fyfe DA, Bove AA, et al. Instantaneous pressure gradient: a simultaneous Doppler and dual catheter correlative study. J Am Coll Cardiol. 1986;7:800-6.
18. Otto CM, Lind BK, Kitzman DW, Gersh BJ, Siscovick DS. Association of aortic-valve sclerosis with cardiovascular mortality and morbidity in the elderly. N Engl J Med. 1999;341:142-7.
19. Sagie A, Benjamin EJ, Galderisi M, Larson MG, Evans JC, Fuller DL, et al. Reference values for Doppler indexes of left ventricular diastolic filling in the elderly. J Am Soc Echocardiogr. 1993;6:570-6.
20. Levy D, Garrison RJ, Savage DD, Kannel WB, Castelli WP. Prognostic implications of echocardiographically determined left ventricular mass in the Framingham Heart Study. N Engl J Med. 1990;322:1561-6.
21. Spirito P, Maron BJ. Relation between extent of left ventricular hypertrophy and occurrence of sudden cardiac death in hypertrophic cardiomyopathy. J Am Coll Cardiol. 1990;15:1521-6.
22. Lewis JF, Maron BJ. Clinical and morphologic expression of hypertrophic cardiomyopathy in patients > or = 65 years of age. Am J Cardiol. 1994;73:1105-11.
23. Pellika PA, Nagueh SF, Elhendy AA, Kuehl CA, Sawada SG. American Society of Echocardiography recommendations for performance, interpretation, and application of stress echocardiography. 2007;20(9);1021-41.
24. Arruda AM, Das MK, Roger VL, Klarich KW, Mahoney DW, Pellikka PA. Prognostic value of exercise echocardiography in 2,632 patients > or = 65 years of age. J Am Coll Cardiol. 2001;37:1036-41.
25. Poldermans D, Fioretti PM, Boersma E, Thomson IR, Cornel JH, ten Cate FJ, et al. Dobutamine-atropine stress echocardiography in elderly patients unable to perform an exercise test. Hemodynamic characteristics, safety, and prognostic value. Arch Intern Med. 1994;154:2681-6.
26. Garcia MJ, Ares MA, Asher C, Rodriguez L, Vandervoort P, Thomas JD. An index of early left ventricular filling that combined with pulsed Doppler peak E velocity may estimate capillary wedge pressure. J Am Coll Cardiol. 1997;29(2):448-54.

CAPÍTULO 12

Papel dos exames de medicina nuclear em cardiologia no idoso

Paola Emanuela P. Smanio
Marco Antonio C. de Oliveira
Sérgio Tazima
Amisa Guimarães
Daniela Albertotti
Leonardo Machado
Priscilla Cestari
Elry Vieira Neto

INTRODUÇÃO

O envelhecimento populacional é um fenômeno mundial. No Brasil o processo iniciou-se a partir de 1960 e as mudanças se dão a largos passos. A população idosa está crescendo rapidamente. Em 1940, a população brasileira era composta por 42% de jovens com menos de 15 anos enquanto os idosos representavam apenas 2,5%[1]. No último Censo realizado pelo Instituto Brasileiro de Geografia e Estatística (IBGE), em 2010, a população de jovens foi reduzida a 24% do total. Por sua vez, os idosos passaram a representar 10,8% do povo brasileiro, ou seja, mais de 20,5 milhões de pessoas possuem mais de 60 anos; isso representa incremento de 400% se comparado ao índice anterior[2]. O Ministério da Saúde projeta para os próximos 20 anos que esse número mais que triplique, situando o Brasil como a sexta maior população mundial de idosos, com crescimento mais acentuado na faixa etária acima de 80 anos[3].

Estudos demográficos realizados na população americana destaca que no intervalo de tempo entre os anos 2000-2030, o número absoluto de indivíduos considerados muito idosos (acima de 85 anos de idade) dobrará de 9,3 milhões para 19,5 milhões. Isso resultará em um aumento considerável da prevalência da doença arterial coronariana (DAC), uma vez que o envelhecimento é um fator de risco cardiovascular significativo nessa população[4].

A DAC é a causa mais comum de morte em idosos, mas seu diagnóstico e manejo podem ser particularmente desafiadores em pacientes idosos. Em decorrência das alterações relacionadas à idade no sistema cardiovascular, bem como à presença de comorbidades cardiovasculares e não cardiovasculares, a apresentação clínica pode ser de difícil caracterização em doentes nessa faixa etária[5].

Já é conhecido que a doença de maior prevalência no idoso é a cardiovascular, e que em geral esta assume maior gravidade e tem pior prognóstico nessa população, também pela associação com doença vascular periférica, diabetes, hipertensão arterial, entre outras[5]. A doença cardiovascular representa também importante causa de incapacidade funcional em indivíduos acima de 65 anos. E com os avanços na terapêutica cardiológica cada vez mais observamos idosos nos serviços de emergência cardiológica. Por esse motivo se fazem fundamentais estratégias diagnósticas seguras e de boa acurácia mesmo em idosos sem sintomas, para que se faça precoce a identificação e a rápida escolha terapêutica adequada[6].

A medicina nuclear é uma especialidade antiga e já consagrada na área cardiológica. Pela segurança que oferece e pela versatilidade na adaptação às características de cada paciente, torna-se ferramenta muito útil na avaliação diagnóstica, na estratificação de risco e no processo de decisão terapêutico de pacientes idosos. Suas técnicas podem ser aplicadas em cardiopatias isquêmicas e não isquêmicas, como será visto a seguir.

PAPEL DA CINTILOGRAFIA DE PERFUSÃO MIOCÁRDICA NA AVALIAÇÃO DE DOENÇA ARTERIAL CORONARIANA EM IDOSOS

O diagnóstico clínico de DAC é mais difícil nos idosos em decorrência de sintomas atípicos ou mínimos na apresentação[6]. Os pacientes mais idosos são menos ativos do que os pacientes mais jovens e têm menor angina de esforço típica[7]. A cintilografia de perfusão miocárdica (CM) ao esforço é método diagnóstico não invasivo com valor diagnóstico estabelecido na identificação de DAC[8]. Entretanto, para que sua acurácia diagnóstica seja elevada há necessidade de que seja promovido desequilíbrio entre a oferta e o consumo de oxigênio de forma eficaz por meio do aumento adequado da frequência cardíaca e da pressão arterial sistólica, o que ocorre quando um bom nível de exercício é alcançado. Nem sempre há possibilidade desse nível de esforço ser realizado em idosos. Dessa forma, a possibilidade de escolha entre o estresse físico ou farmacológico como agente indutor de estresse permite que a acurácia diagnóstica seja elevada mesmo nesse grupo de pacientes. Assim, a cintilografia pode ser particularmente útil em idosos tanto para o diagnóstico de DAC como para a avaliação da sua progressão, e na orientação do manejo clínico adequado, sendo bastante útil na monitorização terapêutica, determinando, ainda, o prognóstico cardiovascular. Apesar disso, o valor da imagem no idoso está menos bem definido, uma vez que este subgrupo sempre foi menos incluído nos grandes estudos clínicos.

A Figura 1 mostra o caso de paciente com 83 anos, diabético, com doença vascular periférica que realizou cintilografia sob estímulo farmacológico com dipiridamol após episódio de dor precordial durante o banho.

Alguns estudos prévios da literatura descrevem que a CM é técnica segura para ser empregada em qualquer faixa etária. Estudo de Hashimoto et al.[8] incluindo 616 pacientes acima de 75 anos mostrou que a CM sob estímulo farmacológico com adenosina é método seguro para ser usado em idosos, uma vez que nenhum paciente apresentou efeito importante, durante ou imediatamente após a administração do vasodilatador, sendo a população de elevado risco cardiovascular, incluindo portadores de DAC, pacientes após infarto e após revascularização percutânea e cirúrgica.

Como sensibilidade e especificidade estão relacionadas à prevalência populacional de DAC e pacientes idosos apresentam esta prevalência elevada, a sensibilidade da CM tende a ser maior nesta idade com menor especificidade[9].

Como já mencionado, a escolha do agente de estresse pode ser mais difícil em idosos. A capacidade de exercício é muitas vezes limitada por causa da própria diminuição da capacidade aeróbica da faixa etária associada a outras condições, como descondicionamento, doença vascular periférica, artrite, doença neuromuscular ou obesidade. O estresse farmacológico com vasodilatadores, incluindo dipiridamol, adenosina ou regadenoson, é usado na maioria dos idosos incapazes de realizar exercício, portadores de bloqueio do ramo esquerdo ou ritmo de marca-passo[10]. Com menor frequência, o estresse com dobutamina é utilizado em pacientes incapazes de se exercer e com broncoespasmo significativo, doença do nó sinusal ou bloqueio atrioventricular de segundo ou terceiro graus (sem marca-passo), que são contraindicação para o estresse com dipiridamol e adenosina[11]. Estudo de Wang et al.[12] avaliou 75 idosos com idade entre 80 e 91 anos, que realizaram CM com estresse físico (24 pacientes) e farmacológico (51 pacientes) e obteve valores

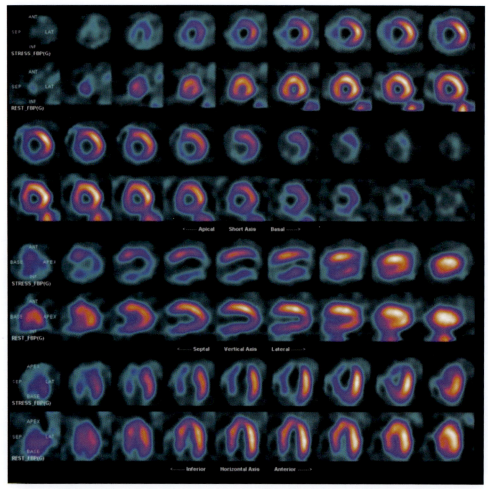

Figura 1 Presença de acentuada hipocaptação reversível do radiofármaco de grande extensão nas paredes septal, inferior e apical sugestiva de isquemia. Observa-se também dilatação da cavidade ventricular esquerda após a fase de estresse, sinal indicativo de acometimento coronariano mais importante.

de 95% e 75% de sensibilidade e especificidade para o diagnóstico de DAC com estenose ≥ 70%, tendo o método também se mostrado bastante seguro.

Estudo multicêntrico coordenado por Lette[13] incluiu 73.806 pacientes que realizaram CM com dipiridamol, para demonstrar a segurança do método. Neste trabalho, 1.007 pacientes tinham idade superior a 70 anos. Foram observadas 7 mortes cardíacas (0,95 em 10.000 casos) e 13 infartos não fatais (1,76 em 10.000) provocados pelo estímulo farmacológico, sendo que nenhum dos dois eventos maiores esteve associado com maior idade. Os autores concluíram que o risco da técnica é semelhante ao do teste ergométrico quando realizado em uma população semelhante.

Idosos podem ter mais dificuldades logísticas de permanecerem deitados por longo tempo durante a aquisição das imagens. Com a evolução dos equipamentos, esse problema foi solucionado, pois com os novos equipamentos com detectores de estado sólido o tempo de aquisição reduziu bastante, levando grande conforto aos pacientes em geral[14].

O valor prognóstico da CM tomográfica – tomografia computadorizada por emissão de fótons únicos (SPECT) – tem sido claramente estabelecido durante as últimas quatro décadas, sendo a extensão e a gravidade da hipoperfusão miocárdica preditores independentes de eventos em pacientes com DAC conhecida ou suspeita[15]. No entanto, apenas poucos estudos clínicos realizados com CM por SPECT foram focados em pacientes idosos[16,17].

Estudo multicêntrico francês verificou a grande influência da idade como preditor de evento cardiovascular em diabéticos com isquemia silenciosa[18]. O grupo com mais de 60 anos e isquemia demonstrada pela cintilografia apresentou 33% de eventos na evolução comparados a 13% naqueles com isquemia e idade mais jovem ($p < 0,05$). Outro estudo de Nair et al.[6] descreve o valor prognóstico da cintilografia em pacientes muito idosos com suspeita de DAC. Eles relataram avaliação retrospectiva de 1.093 pacientes acima de 80 anos de idade de uma população total de 8.864 pacientes consecutivos com suspeita de DAC acima de 50 anos. A análise foi categorizada em três grupos etários: meia-idade (50-64 anos), idosos (65-79 anos) e muito idosos (≥ 80 anos). Eventos maiores cardiovasculares foram avaliados após 1,9±0,9 anos. O grupo de pacientes muito idosos com isquemia moderada a importante apresentou a maior taxa de eventos na evolução ($p < 0,001$). Outra observação importante deste estudo foi que idosos capazes de realizar exercício máximo tiveram menos eventos em comparação àqueles que realizaram prova farmacológica, notadamente quando não era observada alteração da perfusão miocárdica. Roest et al.[19] realizaram avaliação prognóstica após 3,3±1,4 anos em 270 pacientes com média de idade de 71 anos pela CM com dobutamina, demonstrando o valor da isquemia como preditor independente de eventos em idosos incapazes de realizar exercício físico. Valeti et al.[20] relataram o valor prognóstico da investigação de isquemia pela CM em 247 pacientes com mais de 75 anos, sendo o acompanhamento realizado em 6,4 anos de evolução, demonstrando o valor preditivo do método para discriminar pacientes em alto e baixo risco de eventos maiores. A mortalidade anual foi de 0,8% no grupo de baixo risco e de 5,8% no grupo considerado de alto risco, pela presença de isquemia. Winter et al.[17] avaliaram o valor do *gated*-SPECT em 294 indivíduos com idade ≥ 75 anos em período de acompanhamento de 25,9 meses, verificando que a presença de dilatação da cavidade ventricular esquerda após o estresse e a fração de ejeção do ventrículo esquerdo acrescentam valor independente à análise da perfusão miocárdica neste grupo. Observa-se, ainda, que a fração de ejeção e os achados perfusionais de repouso foram preditores independentes de morte cardiovascular na evolução. Hachamovitch et al.[21] publicaram o principal estudo até agora disponível investigando o valor prognóstico da CM em idosos. Foram incluídos 5.200 pacientes consecutivos com idade ≥ 75 anos submetidos a CM pelo protocolo de duplo isótopo, sendo o estresse com exercício (42%) ou adenosina (58%) encaminhados para diagnóstico de DAC. Neste grupo observou-se uma grande frequência de alterações do segmento ST no eletrocardiograma basal inviabilizando o diagnóstico apenas pelo teste de esforço. Quando a cintilografia foi normal, observaram uma taxa de mortalidade cardíaca de 1,0% ao ano no grupo de 75-84 anos e de 3,3% ao ano na faixa etária ≥ 85 anos (cerca de um terço inferior à taxa ajustada pela idade na população em geral) em um período de acompanhamento médio de 2,8±1,7 anos. Além disso, foi detectada uma associação entre estratégia de tratamento precoce e isquemia em um subgrupo de 684 pacientes com acompanhamento prolongado (6,2±2,9 anos), sugerindo que um alto grau de isquemia estava associado à revascularização precoce, enquanto no grupo de pouca ou nenhuma isquemia o tratamento conservador tinha melhores resultados. Esses achados são consistentes com os resultados do subestudo nuclear do COURAGE[23].

Estudos prospectivos multicêntricos deverão ser conduzidos para avaliar se a cintilografia é um método que deve ser empregado em idosos com suspeita ou DAC conhecida, em última análise, traduzindo-se com custo-efetividade e agregando valor no diagnóstico, prognóstico e manejo clínico dessa população.

CINTILOGRAFIA COM PIROFOSFATO-TC-99M PARA AMILOIDOSE CARDÍACA

Ao longo da vida, nosso DNA está codificando para a fabricação de pequenas moléculas chamadas proteínas que fornecem a estrutura e função para quase todos os processos biológicos. Uma vez produzidas no organismo, as proteínas irão se dobrar naturalmente em um formato particular que permite sua função especial. Quando dobradas incorretamente podem ser produzidas em decorrência de causas genéticas ou por causa de outros fatores relacionados à inflamação crônica ou ao envelhecimento. Independentemente, em geral somos capazes de identificar e remover essas proteínas anormais, exceto quando as produzimos em um número muito grande e passamos a não ser capazes de decompor e eliminar essas proteínas anormais. De modo geral, a amiloidose é uma classe em uma lista crescente de disfunções de dobramento de proteínas. Embora a amiloidose seja conhecida desde o século XIX, nosso entendimento sobre ela se desenvolveu apenas nas últimas décadas. Dependendo de onde o amiloide se acumula, como no rim, no coração e nos nervos, observam-se sintomas e quadros clínicos distintos. Como os sintomas não são específicos e pelo contínuo agravamento do quadro clínico podem ser confundidos com outras causas de doença pulmonar e cardiovascular, é muito provável que a prevalência atual de amiloidose seja maior do que a reconhecida. Dessa forma, é imperativo que clínicos considerem a amiloidose parte de seu diagnóstico diferencial, pois o diagnóstico prematuro e preciso é essencial para que os pacientes se beneficiem de novos tratamentos disponíveis com melhora da sobrevida[23].

Embora os sintomas e tratamentos do quadro clínico dependam dos órgãos afetados, os diversos tipos de amiloidose podem ser classificados de acordo com a proteína precursora envolvida. Um sistema de denominação conveniente é utilizado, de tal forma que o prefixo "A" se refere a amiloide, seguido por uma abreviação para a proteína associada. Por exemplo, AL designa amiloide derivado de anticorpos de cadeia leve (*light-chain antibodies*); AA designa proteína A amiloide sérica (*serum amyloid A protein*); e ATTR designa amiloide de transtirretina (*amyloid from transthyretin*)[24].

A amiloidose cardíaca (AC) é causada pela deposição de proteínas insolúveis no coração, resultando em hipertrofia, evoluindo para disfunção diastólica e insuficiência cardíaca (IC) com fração de ejeção preservada. Ocorre em duas formas predominantes: a cadeia leve monoclonal adquirida (AL) e a associada com a transtirretina (ATTR). A ATTR-AC é muito mais prevalente, especialmente nos idosos, e pode ser ainda subclassificada como geneticamente normal (tipo selvagem ou amiloidose sistêmica senil) ou geneticamente anormal (tipo mutante ou cardiomiopatia amiloide familiar)[25]. A amiloidose sistêmica senil tem maior prevalência em homens com mais de 60 anos de idade e uma vez que a apresentação clínica da IC pode ser atribuída à hipertensão e a outras causas de disfunção diastólica que também são comuns em idosos, o diagnóstico de ATTR-AC pode ser desafiador e a prevalência da doença subestimada, levando a elevada morbidade e mortalidade[26]. A distinção entre ATTR-AC e AL-AC é de suma importância, uma vez que o prognóstico e a terapia variam significativamente dependendo do subtipo. Apesar do crescente conhecimento de ATTR-AC como causa de IC, tem havido uma necessidade clínica não satisfeita de fornecer melhores métodos não invasivos para diagnosticá-la, para diferenciar os subtipos ATTR, quantificar a extensão da infiltração amiloide miocárdica e realizar a monitorização da progressão da doença e resposta ao tratamento[27].

As biópsias endomiocárdicas são consideradas o padrão-ouro atual para diagnosticar a amiloidose cardíaca e devem ser realizadas análise imuno-histoquímica ou espectroscopia de massa nos casos inconclusivos e isto requer centros especializados além de não fornecer informações suficientes sobre a extensão ou distribuição de amiloidose cardíaca, progressão da doença ou resposta ao tratamento, o que na prática pode levar a cuidados tardios. Além disso, muitos pacientes relutam em se submeter a procedimentos invasivos[28].

O uso da cintilografia cardíaca com pirofosfato de tecnécio (^{99m}Tc-PYP) para determinar a carga amiloide foi empregada em alguns serviços de medicina nuclear americanos e europeus na década de 1980, sem avanços significativos[29].

Recentemente, o uso da técnica foi retomado, mostrando ser a cintilografia cardíaca quantitativa de ^{99m}Tc-PYP um método útil e com sensibilidade e especificidade de 97% e 100% para diferenciar amiloidose cardíaca AL de ATTR em pacientes com doença avançada. Nesta técnica, imagens planares nas projeções anterior e lateral são adquiridas após 1 hora da administração de ^{99m}Tc-PYP[30].

A retenção cardíaca do ^{99m}Tc-PYP foi avaliada com análise visual semiquantitativa (intervalo: 0, ausência de captação até 3 acima da captação em osso) e com a medida quantitativa da retenção cardíaca calculada pelo desenho de uma região de interesse (ROI) sobre o coração (Figura 2). Um ROI circular foi desenhado sobre o coração, copiado e espelhado sobre a região torácica contralateral, sendo normalizado para absorção de fundo nas costelas.

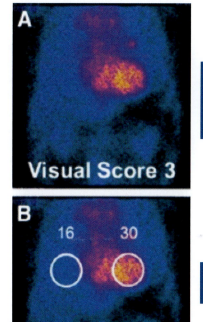

Figura 2   Análise semiquantitativa e quantitativa da captação cardíaca de ^{99m}Tc-PYP. *ratio* = razão; *visual score* = escore visual.

As contagens de ROI total do coração foram medidas e comparadas às da região contralateral do ROI do tórax, calculando-se a relação coração-região contralateral (H/ CL).

O papel desta técnica para avaliar a progressão da doença ainda é desconhecido. Estudo de Castaño et al. incluindo 20 pacientes com amiloidose cardíaca na forma ATTR que realizaram cintilografia seriada com ^{99m}Tc-PYP não mostrou mudanças significativas após 1,5 anos de acompanhamento, apesar da progressão clínica óbvia[31].

À luz das terapêuticas emergentes modificadoras da evolução, há necessidade futura de monitoramento da amiloidose cardíaca ATTR ao longo do tempo, determinando a utilidade da cintilografia cardíaca seriada com ^{99m}Tc-PYP.

Até o momento, alguns estudos realizados sugerem que a cintilografia cardíaca com ^{99m}Tc-PYP para diagnosticar ATTR-CA pode ser considerada técnica relativamente simples e com elevada acurácia diagnóstica (100% de especificidade e 97% de sensibilidade)[30,31].

Existem várias limitações inerentes à metodologia proposta que são o fato de que a imagem planar de ^{99m}Tc-PYP é incapaz de diagnosticar a amiloidose cardíaca da forma AL. Adicionalmente, na maioria dos casos estudados os pacientes apresentavam ATTR-CA avançada, portanto, o papel da técnica para identificação de ATTR-CA precoce é desconhecido. São necessários mais estudos para avaliar se esta técnica pode identificar ATTR-CA antes do início das manifestações ecocardiográficas. São também necessárias publicações que validem a técnica em população brasileira.

TOMOGRAFIA POR EMISSÃO DE PÓSITRONS COM ^{18}F-FLUORETO DE SÓDIO (^{18}F-NAF) NA AMILOIDOSE CARDÍACA

A tomografia por emissão de pósitrons (PET) fornece imagens de alta resolução que podem ser usadas para a visualização de depósitos de proteínas, sendo possível localizar e avaliar a distribuição da infiltração amiloide e também realizar a análise semiquantitativa de forma semiautomática por regiões de interesse (ROI)[32,33].

Comumente utilizado e aprovado pela Food and Drug Administration (FDA) para imagens de câncer de próstata, o fluoreto de sódio marcado com flúor-18 tem sido estudado pelo seu provável uso na detecção de microcalcificações em placas instáveis[34]. O ^{18}F-NaF é disponível em alguns serviços de medicina nuclear que dispõem da tecnologia PET e pode ser um traçador viável para a avaliação de amiloide cardíaca. Com base nos estudos de ^{99m}Tc-PYP, tem sido postulado que o teor de cálcio é mais baixo nas fibrilas AL, o que leva à captação diferencial de transtirretina (TTR) e AL na imagem planar. Assim, o ^{18}F-NaF pode ser capaz de detectar AL e ATTR-CA, possivelmente em pacientes assintomáticos, bem como monitorar a doença pós-tratamento. Estudo de Morgenstern et al.[35] teve como objetivo avaliar a eficácia da PET ^{18}F-NaF para visualizar e quantificar a deposição de fibrilas amiloides em pacientes com TTR e AL. Este estudo incluiu 12 pacientes de 71±8 anos e observou que a captação qualitativa e quantitativa de ^{18}F-NaF em pacientes com ATTR-CA foi significativamente maior do que a observada no grupo controle e em pacientes com a forma AL. Além disso, a quantificação semiautomática mostrou ser uma forma útil de rastrear a carga amiloide ao longo do tempo, o que até o momento é uma importante necessidade clínica não avaliada. Mais estudos são necessários, entretanto, a técnica vem se mostrando promissora no diagnóstico e acompanhamento de pacientes com amilose cardíaca.

CONSIDERAÇÕES FINAIS

Com os avanços na terapêutica cardiológica observados nas últimas décadas, a população mundial está envelhecendo. Cada vez mais a classe médica irá se deparar com idosos nos serviços hospitalares. O arsenal diagnóstico tem se desenvolvido muito na área cardiológica. Hoje dispomos de muitas técnicas para a avaliação cardiológica do idoso. As técnicas de medicina nuclear descritas neste capítulo são seguras, adaptáveis e de grande auxílio no diagnóstico precoce, na estratificação de risco e na monitorização terapêutica deste grupo de pacientes tanto no que diz respeito às cardiopatias isquêmicas quanto às não isquêmicas.

REFERÊNCIAS BIBLIOGRÁFICAS

1. Brasil. Indicadores e dados básicos do Brasil. Disponível em: www.datasus.gov.br
2. Sociedade Brasileira de Cardiologia. Dados estatísticos da Sociedade Brasileira de Cardiologia. Disponível em: www.cardiol.br.
3. Brasil. Ministério da Saúde; 2016. Disponível em: www.brasil.gov.br
4. Foot DK, Lewis RP, Pearson TA, Beller GA. Demographics and cardiology, 1950-2050. J Am Coll Cardiol. 2000;35(5 Suppl B):66B-80B.
5. Odden MC, Coxson PG, Moran A, Lightwood JM, Goldman L, Bibbins-Domingo K. The impact of the aging population on coronary artery disease in the United States. Am J Med. 2011;124:827-33.
6. Nair S, Ahlberg AW, Shishir Mathur MA. The clinical value of single photon emission computed tomography myocardial perfusion imaging in cardiac risk stratification of very elderly patients (C80 years) with suspected coronary artery disease. J Nucl Cardiol. 2012;19:244-55.
7. Thom AF, Smanio PEP. Medicina nuclear em cardiologia. Da metodologia à clínica. São Paulo: Atheneu; 2007.
8. Hashimoto A, Palmer EL, Scott J. Complications of exercise and pharmacologic stress tests: differences in younger and elderly patients. J Nucl Cardiol. 1999;6:612-9.
9. Steingart RM, Hodnett P, Musso J, Feuerman M. Exercise myocardial perfusion imaging in elderly patients. J Nucl Cardiol. 2002;9(6):573-80.
10. Zhiming Y, Zhu H, Wenchan L. Adenosine triphosphate stress myocardial perfusion imaging for risk stratification of patients aged 70 years and older with suspected coronary artery disease. J Nucl Cardiol. 2016.
11. Henzlova M, Duvall WL, Einstein AJ, Travin MI, Verberne HJ. ASNC imaging guidelines for SPECT, nuclear cardiology procedures: atress, protocols and tracers. J Nucl Cardiol. 2016;23:606-39.
12. Wang F P, Amanullah AM, Kiat H. Diagnostic efficacy of stress technetium 99m-labeled sestamibi myocardial perfusion single-photon emission computed tomography in detection of coronary artery disease among patients over age 80. J Nucl Cardiol. 1995;2:380-8.
13. Lette J, Tatum JL, Fraser S, Miller DD, Waters DD, Heller G. Safety of dipyridamole testing in 73,806 patients: the Multicenter Dipyridamole Safety Study. J Nucl Cardiol. 1995;2(1):3-17.
14. Zafrir N, Mats I, Solodky A. Prognostic value of stress myocardial perfusion imaging in octogenarian population. J Nucl Cardiol. 2005;12:671-544.
15. Perrone-Filardi P, Costanzo P, Dellegrottaglie S, Gargiulo P, Ruggiero D, Savarese G, et al. Prognostic role of myocardial single photon emission computed tomography in the elderly. J Nucl Cardiol. 2010;17:310-5.
16. Zafrir N, Mats I, Solodky A, Ben-Gal T, Sulkes J, Battler A. Prognostic value of stress myocardial perfusion imaging in octogenarian population. J Nucl Cardiol. 2005;12:671-5.
17. De Winter O, Velghe A, Van de Veire N. Incremental prognostic value of combined perfusion and function assessment during myocardial gated SPECT in patients aged 75 years or older. J Nucl Cardiol. 2005;12:662-70.
18. Valeti US, Miller TD, Hodge DO, Gibbons RJ. Exercise single photon emission computed tomography provides effective risk stratification of elderly men and women. Circulation. 2005;111:1771-6.
19. Roest S, Boiten HJ, Van Domburg RT, Valkema R, Schinkel AFL. Prediction of 14-year cardiovascular outcomes by dobutamine stress 99m-Tc-tetrofosmin myocardial perfusion SPECT in elderly patients unable to perform exercise testing. J Nucl Cardiol. 2016.
20. Valeti US, Miller TD, Hodge DO, Gibbons RJ. Exercise single-photon emission computed tomography provides effective risk stratification of elderly men and elderly women. Circulation. 2005;111:1771-76.
21. Hachamovitch R, Kang X, Amanullah AM. Prognostic implications of myocardial perfusion single-photon emission computed tomography in the elderly. Circulation. 2009;120:2197-206.
22. Shaw LJ, Berman DS, Maron DJ, Mancini GB, Hayes SW, Hartigan PM, et al. Optimal medical therapy with or without percutaneous coronary intervention to reduce ischemic burden: results from the Clinical Outcomes Utilizing Revascularization and Aggressive Drug Evaluation (COURAGE) trial nuclear substudy. Circulation. 2008;117(10):1283-91.
23. Rapezzi C, Merlini G, Quarta CC, Riva L, Longhi S, Leone O, et al. Systemic cardiac amyloidoses: disea-

se profiles and clinical courses of the 3 main types. Circulation. 2009;120:1203-12.
24. Bokhari S, Castano A, Pozniakoff T, Deslisle S, Latif F, Maurer MS. 99mTc-pyrophosphate scintigraphy for differentiating light-chain cardiac amyloidosis from the transthyretin-related familial and senile cardiac amyloidoses. Circ Cardiovasc Imaging. 2013;6:195-201.
25. Ruberg FL, Berk JL. Transthyretin (TTR) cardiac amyloidosis. Circulation. 2012;126:1286-300.
26. Dharmarajan KK, Maurer MS. Transthyretin cardiac amyloidoses in older North Americans. J Am Geriatr Soc. 2012;60:765-74.
27. Bokhari S, Shahzad R, Castano A, Maurer MS. Nuclear imaging modalities for cardiac amyloidosis. J Nucl Cardiol. 2014;21:175-84.
28. AlJaroudi WA, Desai MY, Tang WHW, Phelan D, Cerqueira MD, Jaber WA. Role of imaging in the diagnosis and management of patients with cardiac amyloidosis: state of the art review and focus on emerging nuclear techniques. J Nucl Cardiol. 2014;21:271-83.
29. Wizenberg TA, Muz J, Sohn YH, Samlowski W, Weissler AM. Value of positive myocardial technetium-99m-pyrophosphate scintigraphy in the noninvasive diagnosis of cardiac amyloidosis. Am Heart J. 1982;103:468-73.
30. Bokhari S, Morgenstern R, Weinberg R. Standardization of 99m technetium pyrophosphate imaging methodology to diagnose TTR cardiac amyloidosis. J Nucl Cardiol. 2016.
31. Castaño A, DeLuca A, Weinberg R. Serial scanning with technetium pyrophosphate (99mTc-PYP) in advanced ATTR cardiac amyloidosis. J Nucl Cardiol. 2016;23:1355-63.
32. Bokhari S, Shahzad R, Castano A, Maurer MS. Nuclear imaging modalities for cardiac amyloidosis. J Nucl Cardiol. 2014;21:175-84.
33. Dorbala S, Vangala D, Semer J, Strader C, Bruyere JR Jr, Di Carli MF, et al. Imaging cardiac amyloidosis: a pilot study using 18F- florbetapir positron emission tomography. Eur J Nucl Med Mol Imaging. 2014;41:1652-62.
34. Salavati A, Houshmand S, McKenney M, Alloosh M, Territo P, Moe S, et al. Assessment of 18F-NaF PET/CT as a diagnostic tool for early detection of coronary artery calcification. J Nucl Med. 2015;56:460.
35. Morgenstern R, Yeh R, Castano A, Maurer MS, Bokhari S. [18]Fluorine sodium fluoride positron emission tomography, a potential biomarker of transthyretin cardiac amyloidosis. J Nucl Cardiol. 2017.

CAPÍTULO 13

Peculiaridades dos métodos diagnósticos em idosos: angiotomografia de artérias coronárias

Andrei Skromov de Albuquerque

INTRODUÇÃO

A angiotomografia de artérias coronárias (TCCOR) é um exame relativamente recente, vinculado ao surgimento dos tomógrafos helicoidais com múltiplas fileiras de detectores (TCMD) em 1998. A maior quantidade de detectores permitiu maximizar a utilização diagnóstica dos feixes de raios X, fazendo com que cada giro do conjunto tubo-detector adquira vários cortes simultaneamente, além de permitir a realização de cortes mais finos, o que fez aumentar a resolução espacial e, consequentemente, permitiu a aquisição de imagens volumétricas (isotrópicas), estas responsáveis pelas excelentes reconstruções multiplanares, curvas e tridimensionais de tomografia computadorizada (TC) que conhecemos atualmente. Já a aquisição helicoidal representou grande ganho de velocidade na aquisição das imagens, pois permite a aquisição contínua de imagens por meio do deslocamento da mesa simultaneamente à rotação do conjunto tubo-detector.

No entanto, foi a partir do surgimento dos TCMD de 64 canais (TCMD64) em 2004 que a TCCOR se tornou um exame bastante robusto, reprodutível e confiável. Os TCMD64, além de terem mais detectores (menor espessura de corte e maior resolução espacial), também tiveram incremento na velocidade de rotação do conjunto tubo-detector (maior resolução temporal). Essas duas características, alta resolução espacial e alta resolução temporal, tornaram possível a realização de imagens com excelente qualidade diagnóstica das artérias coronárias, que são estruturas pequenas que se movem rapidamente ao longo do ciclo cardíaco (Figura 1). Nos anos seguintes, surgiram novos TCMD, mais rápidos e/ou com mais canais do que os TCMD64, que permitiram obter consistentemente exames com melhor qualidade e menor dose de radiação. Dentre eles destacam-se os tomógrafos com larga fileira de detectores (cobertura total do órgão) e os tomógrafos de alto *pitch* (*dual source*), que permitem varredura de todo o coração em apenas 1 batimento cardíaco. Atualmente, o TCMD64 é a configuração mínima recomendada para a realização de TCCOR com qualidade.

A TCCOR apresenta alta acurácia e excelente valor preditivo negativo (VPN) para doença arterial coronariana (DAC)[1]. Esse potencial de obter informações comparáveis à angiografia coronariana invasiva (ACI) de modo não invasivo tem sido a principal força motriz por trás do rápido crescimento e da disseminação da TCCOR em todo o mundo, inclusive no Brasil.

A DAC é uma patologia bastante prevalente e umas das principais causas de morte em todo o mundo. Embora possa afetar adultos de

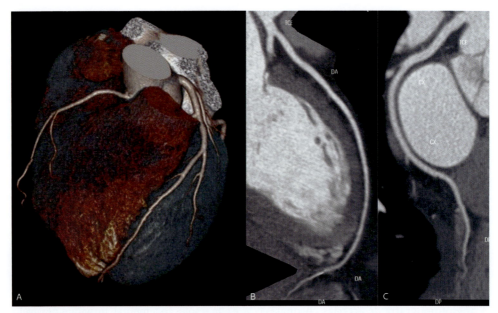

Figura 1 Exemplo de angiotomografia de artérias coronárias. Em A, reconstrução tridimensional demonstrando a excelente capacidade do método em demonstrar a origem, o trajeto e a distribuição das artérias coronárias e sua relação com as estruturas adjacentes. Em B e C, reconstruções curvas com a excelente capacidade do método em demonstrar a perviedade, o calibre e a ausência de placas ateromatosas.

qualquer idade, ela é progressivamente mais frequente em pessoas mais velhas, sendo que a incidência aproximadamente triplica a cada década de vida[2].

ANGIOTOMOGRAFIA DE ARTÉRIAS CORONÁRIAS E IDOSOS

Tendo em vista a excelente capacidade da TCCOR em avaliar DAC e a alta prevalência desta patologia em idosos, é natural que cada vez mais essa população seja submetida a este exame, algo que já é perceptível nos serviços de radiologia e diagnóstico por imagem.

Informações sobre benefícios, indicações, potencialidades e dados estatísticos (p. ex., sensibilidade, especificidade, acurácia e VPN) do método já foram bastante estudados e estão amplamente disponíveis na literatura médica e nos consensos/diretrizes das principais sociedades médicas do mundo, como por exemplo a II Diretriz de Ressonância Magnética e Tomografia Computadorizada da Sociedade Brasileira de Cardiologia e do Colégio Brasileiro de Radiologia[3]. Sugerimos a leitura destes documentos.

A TCCOR é um exame de alta complexidade, que precisa ser conduzido de modo personalizado, para que seja possível se obter um exame de excelente qualidade e, consequentemente, com capacidade diagnóstica.

O principal objetivo deste capítulo é trazer ao conhecimento do médico solicitante informações relevantes relacionadas à realização do exame e como ele pode atuar sinergicamente para atingir o melhor resultado.

Para se obter uma TCCOR com excelente qualidade diagnóstica, é fundamental um bom preparo do paciente. Mesmo nos TCMD mais modernos, o resultado final pode ser insatisfatório caso o paciente não tenha sido preparado adequadamente.

Frequência e ritmo cardíacos

O principal fator limitante para a aquisição de uma TCCOR com excelente qualidade diagnóstica é a frequência cardíaca (FC). Existem apenas dois momentos no ciclo cardíaco em que as coronárias estão relativamente estáticas e passíveis de se obter imagens sem artefatos de movimentação: a janela sistólica (JS), que contempla o final da ejeção sistólica e todo o relaxamento isovolumétrico diastólico; e a janela diastólica (JD), que contempla a diástase ventricular, também conhecida como fase de enchimento lento.

A JD é o momento do ciclo cardíaco usualmente utilizado na TCCOR e tem relação inversa com a FC, ou seja, quanto maior a FC menor a JD e quanto menor a FC maior a JD. Por isso, o controle da FC para a realização do exame é fundamental, pois quanto menor a FC, maior a chance de se obter um exame livre de artefatos de movimentação, que podem prejudicar substancialmente a análise.

Já a JS praticamente não sofre influência da FC, porém é sempre curta. Em FC muito altas, a JD pode se tornar mais curta que a JS e, nestes casos, utiliza-se a JS para o diagnóstico (Figura 2).

A FC mínima para se obter um exame com qualidade depende da resolução temporal do TCMD. A resolução temporal é fisicamente limitada pela velocidade máxima que o conjunto tubo-detector consegue realizar um ciclo inteiro. Nos TCMD64 de primeira geração, a resolução temporal varia entre 175 e 200 ms, o que exige FC < 60 bpm para se obter consistentemente imagens coronarianas estáticas. Já nos TCMD com resolução temporal de 150 ms, é

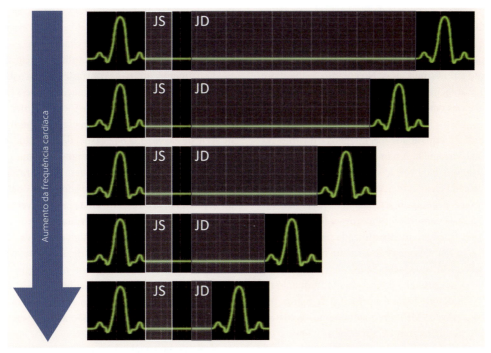

Figura 2   Ilustração da modificação da duração da janela sistólica (JS) e da janela diastólica (JD) com o aumento da frequência cardíaca (FC). Note que quanto maior a FC, menor a duração da JD; por outro lado, a JS permanece praticamente inalterada, embora seja curta. Em FC muito alta, a JS pode ter duração maior que a JD.

possível se obter imagens estáticas com FC < 65 bpm. Atualmente existem TCMD extremamente rápidos, como os *dual source*, que conseguem atingir resolução temporal de até 70 ms, permitindo a realização de exames diagnósticos em FC mais altas; porém estes equipamentos ainda são pouco disponíveis no mercado em decorrência de seu alto custo. Há ainda modos de aquisição e *softwares* de pós-processamento que permitem reduzir os artefatos de movimentação em frequências mais altas, mesmo nos TCMD de primeira geração. De qualquer forma, sempre haverá uma FC limite para a aquisição de imagens com boa qualidade e o controle da FC é fundamental.

Um fator que pode causar artefatos de movimentação mesmo em FC baixas é o grau de mobilidade das artérias coronárias ao longo do ciclo cardíaco. Este fator é particularmente relevante na artéria coronária direita, que é a artéria coronariana com maior mobilidade. Nesses pacientes, o controle da FC deve ser mais rígido. O contrário também é verdadeiro; há pacientes que têm artérias com menor mobilidade e é possível se obter exames de boa qualidade mesmo em FC mais altas. No entanto, é difícil prever antecipadamente o grau de mobilidade das artérias coronárias.

Outro fator que potencialmente pode prejudicar a qualidade das imagens é o ritmo cardíaco irregular. A não regularidade do ritmo faz com que haja variações relevantes na duração de cada ciclo cardíaco durante a aquisição das imagens, gerando artefatos. Nestes casos, a JD é a mais comprometida e, desta forma, a JS é a mais frequentemente utilizada para o diagnóstico, uma vez que praticamente não sofre alteração com a variação da FC.

Uma situação relativamente frequente nas TCCOR em idosos é a presença de marca-passo cardíaco (MP). Frequentemente, os MP são programados com FC superior a 70 bpm, o que potencialmente pode prejudicar a obtenção de imagens coronarianas totalmente estáticas. A conduta ideal nesses casos para garantir um exame com boa qualidade é reprogramar o MP para uma FC mais baixa antes do exame; no entanto, esta alternativa é pouco utilizada no dia a dia. Outra opção, geralmente a mais utilizada na prática, é utilizar métodos de aquisição e de pós-processamento que permitam eliminar ou, ao menos, reduzir os artefatos relacionados a FC alta. Nos TCMD extremamente rápidos, como os *dual source*, esse problema é mais facilmente contornado.

As medicações mais frequentemente utilizadas são os betabloqueadores cardiosseletivos, usualmente o metoprolol e o esmolol. Em pacientes com asma ativa, pode-se optar pela ivabradina.

Contraste iodado

A TCCOR necessariamente utiliza contraste iodado endovenoso, usualmente entre 70 e 90 mL para os pacientes não revascularizados e entre 80 e 100 mL para pacientes revascularizados, a depender de diversas características, tais como tamanho do paciente, calibre do acesso venoso, função renal reduzida e eventual necessidade de opacificar as câmaras cardíacas direitas.

Usualmente, utiliza-se contraste iodado não iônico, que desenvolve menos reações adversas quando comparado ao contrate iodado iônico, praticamente em desuso hoje em dia. Uma grande série de casos (337.647 casos) de um estudo japonês mostrou que o risco geral de qualquer reação adversa era de 12,66% para o contraste iodado iônico e de 3,13% para o contraste iodado não iônico; já o risco de uma reação adversa grave era de 0,2% e 0,04%, respectivamente; e o risco de uma reação adversa muito grave era de 0,04% e 0,004%, respectivamente. Portanto, os contrastes iodados atuais são bem mais seguros do que os utilizados anteriormente.

As duas principais reações adversas relacionadas ao contraste iodado são alergia e nefropatia.

A alergia em geral se apresenta como quadro leve, usualmente caracterizado por urticária. As reações alérgicas graves são bastante raras. Nos pacientes que sabidamente tenham alergia ao contraste iodado, deve-se evitar realizar o exame. Caso o exame seja realmente necessário, é preciso realizar dessensibilização com anti-histamínico e corticoide.

A nefropatia induzida por contraste é caracterizada por aumento de 25% da creatinina sérica ou aumento de 0,5 mg/dL da creatinina absoluta em 48-72 horas após administração do contraste. Ela é mais frequente nos pacientes com fatores de risco, tais como idade avançada, diabetes, desidratação e mieloma múltiplo, podendo chegar a 9%. Já nos pacientes sem fatores de risco, a nefropatia tem incidência inferior a 2%. Usualmente ela reverte espontaneamente.

Já foi demonstrado em diversos estudos que a hidratação oral ou endovenosa antes do exame tem efeito protetor renal, reduzindo a incidência e a intensidade da nefropatia induzida por contraste. Portanto, sugerimos que todos os pacientes que venham a ser submetidos a exames com contraste iodado endovenoso estejam bem hidratados no momento do exame e que se mantenham bem hidratados nos dias seguintes. A excreção do contraste se faz quase totalmente pela urina.

Jejum e medicamentos

Em decorrência da possibilidade do contraste iodado endovenoso causar náuseas logo após a sua administração, jejum se faz necessário para não haver conteúdo no estômago. No entanto, vale destacar que o jejum não deve ser muito longo, sendo 3 a 4 horas suficientes para o esvaziamento gástrico.

Jejum prolongado pode levar à desidratação, o que aumenta o risco de nefropatia induzida por contraste. Ainda, a desidratação pode levar ao aumento da FC e também aumentar o risco de hipotensão após o uso do vasodilatador coronariano, que usualmente é utilizado nos exames de TCCOR. Ainda, o jejum prolongado pode levar à hipoglicemia, com ativação dos hormônios contrarregulatórios (adrenalina e glucagon) e consequente aumento da FC, o que como já exposto anteriormente pode prejudicar o exame.

Outra informação relevante que os médicos solicitantes devem ajudar a divulgar é que o jejum é de alimentos e de líquidos em geral, mas não de medicamentos e de água em pequena quantidade. Todos os medicamentos de uso diário devem ser utilizados no horário usual com pequena quantidade de água, especialmente os medicamentos relacionados ao controle da pressão arterial e ao ritmo cardíaco. Frequentemente pacientes que utilizam betabloqueadores e/ou outros antiarrítmicos não ingerem os medicamentos no dia do exame em decorrência do jejum e chegam para fazer o exame com FC alta e/ou irregular.

Exceção se faz a certos tipos de medicamentos hipoglicemiantes e para disfunção erétil, que devem ser suspensos: o primeiro em decorrência do risco de ocorrer acidose lática caso o paciente desenvolva nefropatia induzida pelo contraste; o segundo por causa do risco de ocorrer hipotensão grave ao se utilizar o vasodilatador coronariano.

Radiação

Atualmente, o potencial do risco de desenvolvimento de cânceres malignos relacionado a exames de imagem que utilizam radiação ionizante vem sendo frequentemente discutido na literatura médica e na mídia leiga. Nos últimos anos, houve rápido crescimento do uso destes exames na prática clínica, o que aumentou a preocupação com a dose de radiação médica recebida pelos pacientes.

Evidências de associação direta entre radiação de exames médicos e indução de câncer são extremamente escassas. A evidência mais convincente é derivada de dois estudos epidemiológicos recentes de grande porte, realizados em populações jovens, predominantemente pediátrica. Com base no acompanhamento de aproximadamente 10 anos de 178.000 e 680.000 crianças e adolescentes, respectivamente, esses estudos demonstraram risco incremental de 2 a 6/10.000 crianças e adolescentes submetidos a estudos de TC. Evidências de associação direta entre radiação de exames médicos e indução de câncer na população adulta geral não existe. Coortes muito maiores teriam que ser analisadas para detectar qualquer aumento incremental nas taxas de câncer, tendo em vista que aproximadamente 38% das mulheres e 44% dos homens nos Estados Unidos desenvolverão algum câncer durante sua vida, a despeito da realização de exames radiológicos.

A probabilidade de alterações cromossômicas que poderiam resultar em câncer tem relação com a taxa de proliferação celular, o número de divisões futuras e o grau de diferenciação das células em questão. Considera-se que os pacientes mais jovens tenham maior risco de desenvolver câncer relacionado à radiação, em decorrência de suas células serem mais sensíveis à radiação (como resultado de um maior número de divisões futuras) do que as células de pacientes mais velhos.

A grande maioria dos relatórios recentes sobre os riscos de câncer em imagens médicas não é baseada em observações epidemiológicas reais, mas sim derivada da extrapolação de dados obtidos em estudos de exposição humana a outras fontes de radiação. As estimativas de risco de câncer em imagens médicas mais comumente são baseadas no VII relatório *Biological Effects of Ionizing Radiation* (BEIR VII). Este relatório leva em consideração principalmente as observações das bombas nucleares de Hiroshima e Nagasaki, que demostraram aumento estatisticamente significativo na incidência de câncer em sobreviventes expostos a doses de radiação ≥ 100 mSv. Os intervalos de confiança deste relato são amplos, o que permite uma variabilidade considerável na extrapolação do risco[4].

Frequentemente os textos que abordam esse tema dão enfoque apenas aos efeitos deletérios e raramente fazem ponderação com os inegáveis benefícios dos exames radiológicos, quando bem indicados.

Por exemplo, quando as estimativas gerais de riscos da radiação são aplicadas a exames de imagem cardiovascular, deve-se levar em consideração tanto a população estudada quanto a patologia em questão. A maioria dos exames de imagem cardiovascular é realizada em adultos com mais de 50 anos de idade. Como já exposto, o dano potencial da radiação nestes indivíduos é substancialmente mais baixo do que nas crianças e nos adultos jovens, uma vez que os tecidos maduros são menos vulneráveis à radiação e a expectativa de vida é menor, permitindo menos tempo para um eventual câncer se manifestar.

Nos últimos anos, visando equalizar a demanda crescente de realização de exames radiológicos e a necessidade de utilizar a menor dose de radiação possível, houve uma evolução tecnológica substancial nas técnicas de imagem, que levaram a marcada redução na dose de radiação utilizada. Em uma TC cardíaca, a dose média de radiação caiu de 10-20 mSv para aproximadamente 3 mSv, utilizando técnicas de modulação de dose. Dependendo das características do tomógrafo e do paciente (magro e com frequência cardíaca baixa), é possível obter exames diagnósticos com menos de 1 mSv.

De qualquer forma, mesmo que de modo não tão alarmante como já noticiado em alguns meios de comunicação, a utilização de radiação ionizante potencialmente gera algum risco adicional e, por isso, é fundamental a adequada indicação clínica. Um exame bem indicado certamente traz muito mais benefícios do que riscos. E na população idosa, esses riscos são muito pequenos.

Placas de ateroma, calcificação, *stents* e enxertos vasculares

A TCCOR tem excelente capacidade de avaliar diversos aspectos relevantes na análise das artérias coronárias. Permite avaliar com precisão origem, trajeto, perviedade, calibre e presença de placas de ateroma (Figura 3).

Em decorrência das características físicas da radiação, a TC tem excelente capacidade de detectar calcificações. Por essa característica foi possível desenvolver o escore de cálcio coronariano, um exame não invasivo, com baixa dose

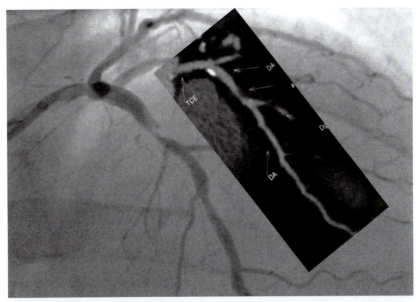

Figura 3 Exemplo da excelente correlação entre os achados da angiotomografia de artérias coronárias e da angiografia coronariana invasiva. Presença de obstrução significativa no segmento proximal da artéria descendente anterior. Veja que na angiotomografia, além de ser possível avaliar o grau de estenose, é possível avaliar o tipo de placa: neste caso, uma placa não calcificada e com remodelamento positivo.

de radiação e sem contraste endovenoso, que permite detectar e quantificar as calcificações coronarianas, contribuindo para uma melhor estratificação do risco cardiovascular estimado clinicamente. Por outro lado, a intensa calcificação coronariana pode prejudicar a precisa quantificação do grau de estenose pela TCCOR, pois calcificações de alta densidade atenuam os feixes de raios X, gerando artefatos de endurecimento do feixe, que podem levar a superestimação de estenoses.

No entanto, vale ressaltar que não é exatamente a quantidade total de calcificação coronariana que prejudica a análise, mas sim a sua distribuição: um paciente pode ter escore de cálcio elevado, porém com distribuição difusa pelas artérias, o que não irá prejudicar a análise; outro paciente pode ter escore de cálcio menor, porém com calcificações densas concentradas num único segmento coronariano, o que possivelmente prejudicará a análise.

Com relação aos *stents*, a TCCOR tem boa capacidade de avaliar a perviedade e a presença de reestenose em *stents* com calibre ≥ 3 mm. Grande parte dos *stents* atuais utilizam malha metálica menos densa do que era utilizada anteriormente e isso colaborou para que a TCCOR melhorasse seu desempenho na análise das endopróteses coronarianas (Figura 4).

A TCCOR também tem excelente desempenho na avaliação dos enxertos coronarianos em toda a sua extensão, desde a origem/anastomose proximal até a anastomose distal (Figura 5). Os enxertos são menos suscetíveis a artefatos de movimentação cardíaca do que as artérias coronárias. Neste grupo de pacientes, pode haver dificuldade de analisar os segmentos coronarianos distais à zona anastomose, caso estes segmentos estejam muito comprometidos por calcificações. Porém, caso não estejam muito comprometidos, a TCCOR persiste com boa capacidade de avaliar o leito distal.

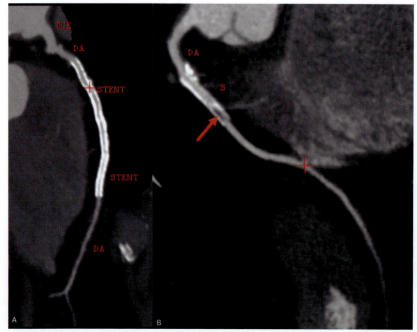

Figura 4 Angiotomografia de artérias coronárias em pacientes com stents. Em A, é possível avaliar a perviedade e a ausência de reestenose nos stents. Já em B, é possível identificar a presença de proliferação neointimal na extremidade distal do stent, que determina reestenose.

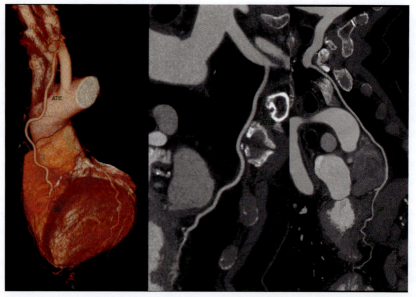

Figura 5 Angiotomografia de artérias coronárias em pacientes com revascularização. Veja que é possível avaliar com precisão a perviedade e a ausência de obstruções em toda a extensão da artéria torácica interna esquerda, desde a sua origem até a anastomose na artéria descendente anterior.

PERSPECTIVAS FUTURAS

A TCCOR é o único exame não invasivo atualmente disponível que permite a visualização direta de aterosclerose coronária e análise anatômica precisa das artérias coronárias. Nenhum outro exame não invasivo tem essa capacidade; eles são capazes de identificar achados indiretos de aterosclerose coronária, mas com grau de acurácia significativamente inferior.

Do ponto de vista anatômico, a tendência é que os novos TCMD tenham resolução temporal cada vez maior, para que a questão do controle da FC tenha menor importância, reduzindo a utilização de medicamentos, o índice de exames inconclusivos e de reconvocações. O desenvolvimento de detectores menores permitirá aumentar ainda mais a resolução espacial, o que tornará possível avaliar estruturas muito pequenas com mais detalhes. Ainda, há bastante espaço para o aprimoramento das já existentes e o desenvolvimento de novas técnicas de redução de dose. Esses aspectos em conjunto certamente aumentarão a acurácia diagnóstica do método, o conforto e a segurança do paciente, utilizando doses de radiação muito pequenas.

A tendência futura é que a TCCOR também se torne um exame funcional. Atualmente, já estão em fase de início de comercialização as técnicas de perfusão miocárdica por TC e também técnicas de análise de reserva de fluxo fracionada pela TC (*fractional flow reserve*, FFR-CT), com resultados iniciais bastante promissores. Ainda, há o desenvolvimento de novos tipos de contraste, p. ex. um contraste que se ligue a alguma molécula da placa de ateroma vulnerável, permitindo identificá-la. Porém, esse tipo de contraste ainda não está disponível comercialmente.

A partir do momento em que a TCCOR consiga trazer com precisão dados anatômicos e funcionais da circulação coronariana, possivelmente se tornará um método *one stop shop* para DAC, ou seja, apenas com um exame será possível identificar a presença de aterosclerose coronária, se há repercussão hemodinâmica e, ainda, identificar qual placa é vulnerável.

CONSIDERAÇÕES FINAIS

A TCCOR já se consolidou como um excelente método de imagem para análise das artérias coronárias, com as características de ser não invasivo, de obter informações muito relevantes da anatomia coronária e de trazer riscos muito baixos para o paciente.

É um exame de alta complexidade, em que o preparo do paciente é fundamental para se obter imagens de alta qualidade e com excelente capacidade diagnóstica. É muito importante que o médico solicitante tenha conhecimentos das principais variáveis clínicas que possam influenciar a qualidade do exame e que ele atue de forma sinérgica com o serviço de radiologia e diagnóstico por imagem para buscar o melhor resultado possível.

Os equipamentos de TC e os *softwares* de pós-processamento continuam em franco desenvolvimento, o que certamente tornará a TCCOR um exame ainda mais preciso, com menor influência da FC e com dose muito baixa de radiação.

Além da excelente capacidade de análise anatômica, a TCCOR também está começando a entrar na área da análise funcional, especialmente por meio da perfusão miocárdica por TC e da FFR-CT.

BIBLIOGRAFIA RECOMENDADA

1. Mark DB, Berman DS, Budoff MJ, Carr JJ, Gerber TC, Hecht HS, et al. ACCF/ACR/AHA/NASCI/SAIP/SCAI/SCCT 2010 Expert consensus document on coronary computed tomographic angiography: a report of the American College of Cardiology Foundation Task Force on Expert Consensus Documents. J Am Coll Cardiol. 2010;55(23):2663-99.
2. Finegold JA, Asaria P, Francis DP. Mortality from ischaemic heart disease by country, region, and age: statistics from World Health Organisation and United Nations. Int J Cardiol. 2012;168(2):934-45.
3. Leonardo S, Gilberto S, Adriano T, Shiozaki AA, Villa AV, Oliveira AC, et al. II Diretriz de ressonância magnética e tomografia computadorizada cardiovascular da Sociedade Brasileira de Cardiologia e do Colégio Brasileiro de Radiologia. Arq Bras Cardiol. 2014;103(6Suppl3):1-86.

4. Gerber TC, Carr JJ, Arai AE, Dixon RL, Ferrari VA, Gomes AS, et al. Ionizing radiation in cardiac imaging: a science advisory from the American Heart Association Committee on Cardiac Imaging of the Council on Clinical Cardiology and Committee on Cardiovascular Imaging and Intervention of the Council on Cardiovascular Radiology and Intervention. Circulation. 2009;119:1056-65.

CAPÍTULO 14

Ressonância magnética: por que não esquecer esse exame no cardiopata idoso

Ibraim Masciarelli Francisco Pinto
Andrei Skromov de Albuquerque
Cecil Wall de Carvalho Neto
André Paciello Romualdo

INTRODUÇÃO

A ressonância magnética é um exame diagnóstico que se baseia na interação de um potente ímã com o núcleo de átomos de hidrogênio no interior dos átomos que se encontram no interior do corpo humano. Na dependência da molécula à qual o átomo esteja ligado e da forma como a estimulação é feita obtém-se uma resposta que permite compor imagens clinicamente úteis. Estas podem ser estáticas ou dinâmicas e, muitas vezes, dispensam o emprego de meios de contraste, uma vez que a resposta obtida a partir dos diferentes tecidos do corpo faculta a reconstrução dos órgãos sem necessidade de injetar nenhum tipo de substância nos pacientes. Com a tecnologia atual é possível realizar séries sem contraste que permitem diagnosticar a presença de fibrose intersticial, a presença de depósito de ferro no miocárdio, que pode acontecer em casos de hemocromatose, bem como aferir a velocidade de fluxo e de relaxamento do coração.

Por outro lado, em algumas condições, pode ser necessário utilizar material de contraste que é composto por um metal líquido, o gadolínio que tanto permite analisar a perfusão miocárdica com técnicas de primeira passagem, como também se fixa em áreas onde há fibrose miocárdica. Isso torna possível caracterizar várias cardiopatias e quantificar o grau de fibrose miocárdica, elemento que tem valor prognóstico, como veremos em outras seções.

A presença de fibrose é identificada a partir da existência do realce tardio. O gadolínio injetado chega até o miocárdio ventricular e o opacifica logo na primeira passagem, mas se o tecido muscular for normal, ele não impregna nenhuma área e é rapidamente eliminado do músculo cardíaco. Caso exista necrose na fase aguda de lesão isquêmica ou fibrose em processos crônicos, o material impregnará a área lesada e poderá ser identificado naquela região caso sejam obtidas imagens de sete a quinze minutos após a injeção do contraste, momento no qual a intensidade de sinal da região infartada pode ser até 1.000% superior ao sinal aferido nos segmentos circunjacentes. No caso de injúrias isquêmicas o realce obedecerá a distribuição da árvore coronária, isto é, estará relacionado ao território irrigado pelo vaso culpado e interessará ou a toda espessura miocárdica da parede infartada ou ainda comprometerá o músculo cardíaco com distribuição do endocárdio ao epicárdio, reproduzindo a progressão "em onda" da necrose pós-infarto. Quando o realce se dá pela existência de cardiomiopatias ele não se restringe ao território de um único vaso coronário e pode comprometer qualquer área da espessura miocárdica, frequentemente comprometendo a parede epicárdica, em outras vezes comprometendo o mesocárdio. Essa diferença de apresentação pode ser fundamental para estabelecer o diagnóstico diferencial.

O gadolínio tem elevada margem de segurança, mas por outro lado, não deve ser empregado em pacientes que apresentam disfunção renal grave, caracterizada por *clearance* de creatinina abaixo de 30 mL/min. Esses pacientes podem sofrer impregnação do gadolínio em diversos tecidos, o que pode provocar uma doença conhecida como fibrose nefrogênica sistêmica de prognóstico muito reservado, para qual não há tratamento eficaz disponível. Essa possibilidade deve ser lembrada com maior cuidado nos pacientes idosos que podem apresentar comorbidades, incluindo aterosclerose da aorta e das artérias renais, uso crônico de anti-inflamatórios e outros fármacos que podem ter efeito nefrotóxico e por isso a avaliação adequada da função renal nesses casos é fundamental para que o exame mantenha seu caráter de segurança.

No que se refere às contraindicações ao exame, elas são cada vez menores e incluem portadores de clipes metálicos cerebrais e próteses cocleares. Vários tipos de marca-passos, desfibriladores e cardioversores, assim como seus eletrodos são compatíveis com ressonância, mas há de se ter cuidado na seleção de pacientes, pois muitos ainda são portadores de dispositivos que não podem ser expostos a campos magnéticos potentes. Além disso, a maior parte das próteses metálicas podem ser expostas ao campo magnético, mas algumas endopróteses de aorta podem necessitar de algum tempo para endotelização antes de poderem ser expostas com segurança aos campos magnéticos, habitualmente cerca de 6 semanas. Respeitadas essas características, o exame é seguro, não oferece riscos ao paciente e permite a análise da contratilidade ventricular global e regional, a perfusão miocárdica, além de caracterizar o miocárdio, elementos fundamentais para o diagnóstico, a estratificação de risco e o planejamento terapêutico de muitas cardiopatias. Nos próximos itens discutiremos as aplicações clínicas desse exame na avaliação de idosos com suspeita de cardiopatia.

AVALIAÇÃO DE DISFUNÇÃO VENTRICULAR ESQUERDA E CARACTERIZAÇÃO DO MIOCÁRDIO

Independentemente da doença de base, as manifestações clínicas em pacientes idosos costumam ser menos típicas e é frequente a necessidade de empregar exames subsidiários para esclarecer plenamente a causa dos sintomas e planejar o tratamento de modo mais adequado. A ressonância magnética pode ser útil, em especial quando outros métodos diagnósticos não permitiram o diagnóstico completo. Além de facultar a análise precisa da contratilidade ventricular, a ressonância possibilita determinar se há ou não zonas de fibrose, cujo padrão morfológico permitirá caracterizar algumas cardiopatias e estratificar o risco de disfunção ventricular e morte súbita. A elevada incidência de hipertensão em idosos frequentemente é acompanhada de hipertrofia miocárdica e disfunção diastólica. Essa hipertrofia pode apresentar morfologia muito semelhante à de outros casos, como amiloidose e até algumas formas de cardiomiopatia hipertrófica. Como a conduta em cada uma dessas situações varia de modo significativo, pode ser relevante confirmar o diagnóstico etiológico e é nessas situações que a ressonância está indicada. O exame típico inclui séries sem contraste para determinar a espessura miocárdica, os volumes ventriculares ao final de diástole e ao final de sístole, assim como a fração de ejeção e a presença de defeitos valvares. Por outro lado, a injeção do meio de contraste paramagnético permitirá identificar os padrões de realce que levarão ao diagnóstico (Figuras 1 e 2).

Em nosso serviço avaliamos 40 pacientes com insuficiência cardíaca grau funcional II e que exibiam espessura miocárdica de mais de 14 mm ao ecocardiograma. A massa miocárdica (248 ± 45 g), o volume diastólico final (134

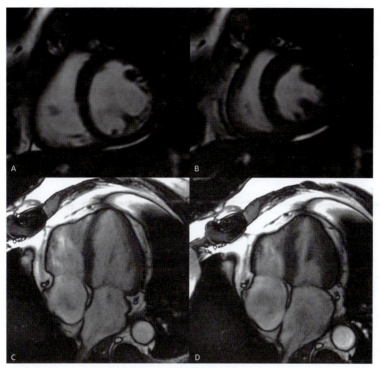

Figura 1   A ressonância magnética permite o registro dinâmico de imagens que, mesmo sem o uso de meios de contraste, facultam a análise da contratilidade ventricular em todos os planos em que se desejar. Nesse exemplo vemos imagens no eixo curto ao final de diástole (A) e sístole (B) e em quatro câmaras também ao final de diástole (A) e sístole (B).

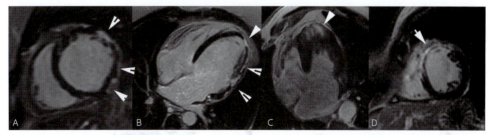

Figura 2   O contraste paramagnético à base de gadolínio marca áreas de necrose e fibrose que muitas vezes permitem caracterizar o diagnóstico etiológico e quantificar a extensão da fibrose em diferentes cardiopatias. Nesta figura observa-se um caso (A e B) em que há zonas de realce epicárdico tanto no eixo curto (A – setas) como no plano quatro câmaras (B – setas) em paciente de 73 anos com história de dispneia e que mostrou em exames ecocardiográficos anteriores relatos de hipertrofia. O paciente passou a apresentar piora da dispneia. Havia opacidade nodular no pulmão. O diagnóstico pela ressonância foi de sarcoidose, confirmado por biópsia. Outro exemplo (C) traz a imagem de paciente de 64 anos, com história de síncope. O ecocardiograma mostrou hipertrofia apical, confirmada pela ressonância, que também exibiu imagens de realce tardio de distribuição mesocárdica (seta), permitindo o diagnóstico de cardiomiopatia hipertrófica. Em D, temos a imagem de uma mulher de 68 anos, diabética com queixa de dispneia de início súbito. A ressonância mostrou realce tardio (seta) restrito à parede anterior indicando infarto naquela região. A cinecoronariografia revelou oclusão da artéria descendente anterior, sem circulação colateral para a área.

± 26 mL), o volume sistólico final (29 ± 12 mL) e a fração de ejeção (80 ± 9%) eram semelhantes em todos os pacientes, mas 14 apresentavam padrão de realce mesocárdico nas regiões alta e baixa do septo interventricular indicativas de cardiomiopatia hipertrófica, 7 mostravam padrão de realce difuso, característico de amiloidose, um caso exibia padrão de realce compatível com sarcoidose e os demais 18 não mostravam nenhum tipo de realce, correspondendo a hipertrofia secundária à hipertensão. Esses achados mostram que a ressonância foi fundamental para estabelecer o tratamento adequado em cada um dos pacientes (Figura 3).

A quantificação da função diastólica do ventrículo esquerdo também pode ser feita com excelência pela ressonância usando técnicas modernas de quantificação da velocidade do fluxo, o que possibilita extrair do exame parâmetros tais como velocidade de enchimento e de relaxamento, assim como o fluxo pelas veias pulmonares.

Pacientes com valvopatias também podem apresentar fibrose miocárdica, o que indica sofrimento miocárdico e seleciona casos que se beneficiariam de intervenção cirúrgica mesmo que assintomáticos ou oligossintomáticos. Estudos anteriores demonstraram que pacientes com disfunção valvar que apresentam realce tardio têm melhor evolução após a realização de cirurgia do que se mantido em tratamento clínico. A crescente incidência de valvopatias em pacientes idosos pode fazer com que essa seja uma condição de uso clínico mais comum. Dessa forma, a ressonância pode ser utilizada com eficácia em pacientes idosos com sintomas de insuficiência cardíaca, especialmente naqueles resistentes ao tratamento habitual, ou nos quais a determinação da etiologia é importante, como acontece com as hipertrofias acentuadas e de difícil controle.

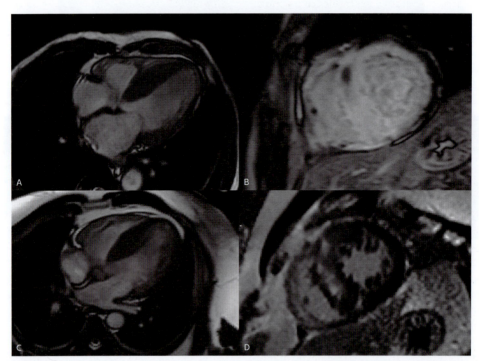

Figura 3   Dois casos de pacientes com 74 anos de idade, com quadro de dispneia e hipertrofia miocárdica à ecocardiografia. Os padrões de imagem ao final de diástole nos cortes em quatro câmaras eram semelhantes (A e C), mas o padrão de realce mostrou que se tratava de amiloidose (B) e cardiomiopatia hipertrófica (D), orientando o tratamento adequado para cada tipo.

AVALIAÇÃO DA PERFUSÃO MIOCÁRDICA

A ressonância magnética pode ser utilizada para a determinação de isquemia miocárdica, tendo a seu favor o fato de que não usa radiação ionizante e de apresentar excelente resolução espacial. Esse tipo de avaliação pode ser feita com o uso de agentes cronotrópicos e inotrópicos positivos, com destaque para a dobutamina, que aumentam o trabalho cardíaco e podem induzir defeitos contráteis em áreas nutridas por artérias que apresentem obstruções hemodinamicamente significativas. A despeito dos excelentes resultados relatados com essa abordagem ela tem sido usada cada vez menos, por motivos práticos, uma vez que ela tem maior exigência logística com a necessidade de equipamentos dedicados.

A outra opção de diagnóstico de isquemia miocárdica pela ressonância se dá por meio da avaliação da perfusão miocárdica com o uso de agentes vasodilatadores. Os protocolos da ressonância de estresse farmacológico são similares aos utilizados em outros métodos, tais como a cintilografia miocárdica. O vasodilatador mais utilizado no Brasil é o dipiridamol, seguido da adenosina. Estudos mais recentes validaram o uso do regadenoson na ressonância magnética cardíaca (RMC) de estresse, mas a experiência nacional com esse agente ainda é limitada.

O protocolo de exames inclui a obtenção de imagens ao final do estresse farmacológico, quando se injeta contraste endovenoso baseado em gadolínio por meio de bomba injetora e adquirem-se imagens de maneira a documentar a primeira passagem do contraste pelas câmaras cardíacas direitas, câmaras cardíacas esquerdas e finalmente a perfusão miocárdica do ventrículo esquerdo.

A análise das imagens é feita para tentar encontrar zonas de baixa intensidade de sinal, que se mostram escuras nas reconstruções e demonstram a existência de regiões do miocárdio que são irrigadas por vasos com obstruções graves (Figura 4). Os resultados de literatura demonstram que a identificação de isquemia pela ressonância em 2 de 16 segmentos ou em 4 de 32 segmentos correlaciona-se com ocorrência de infarto não fatal e morte cardíaca em taxas similares à observada em pacientes com carga isquêmica ≥ 10% na cintilografia e esses são os valores utilizados para definir a presença de isquemia moderada/severa e que indicaria, portanto, a realização de revascularização miocárdica percutânea ou cirúrgica.

A ressonância compara-se favoravelmente com outros métodos de avaliação da perfusão miocárdica sob estresse farmacológico. O estudo CE-MARC avaliou uma população de risco intermediário na qual a RMC mostrou maior acurácia para identificar pacientes com estenoses coronárias superiores a 70% (0,89 vs. 0,74, p < 0,0001), tanto nos casos uniarteriais (0,87 vs. 0,71, p < 0,0001), como nos bi/triarteriais (0,91 vs. 0,77, p < 0,0001). O principal motivo do desempenho positivo da ressonância parece ter sido sua resolução espacial, o que levou esse método a ter sensibilidade superior ao SPECT (RMC 86,5% vs. SPECT 66,5%), em especial para revelar defeitos não transmurais.

Vários ensaios de pequeno e moderado porte e algumas metanálises mostraram resultados consistentes com os trabalhos iniciais e, mais recentemente, dois estudos importantes confirmaram os resultados positivos dessa abordagem. O grupo CE-MARC publicou os resultados de 5 anos de evolução, apresentando os achados de 628 pacientes que foram submetidos a ressonância e cintilografia e revelando que ao término do período de acompanhamento o exame magnético mostrou-se melhor preditor de eventos adversos, independentemente dos fatores de risco, das características angiográficas e do tipo de tratamento inicial destinado ao paciente, com razão de chance de 2,77, enquanto a cintilografia exibia razão de chance de 1,62.

Adiciona-se aos resultados favoráveis já descritos o recente trabalho MR-Inform, que comparou 450 pacientes avaliados pelo exame de perfusão por ressonância a 462 casos avaliados por angiografia e medida invasiva da reserva de fluxo fracionada (FFR). Nesse estudo de não

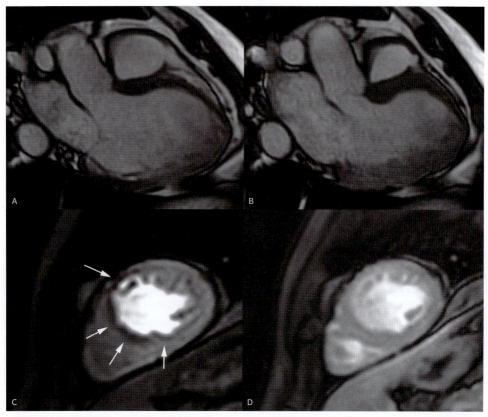

Figura 4 Paciente de 67 anos com queixa de cansaço a pequenos esforços. Na cinecoronariografia exibia placas obstrutivas graves na artéria descendente anterior proximal. A ressonância magnética confirmou a disfunção ventricular (final de diástole – A e final de sístole – B). Por outro lado, houve defeito de perfusão nas imagens adquiridas sob estresse farmacológico (C) não vistas na fase de repouso (D). A paciente foi submetida ao implante de *stent*, com alívio dos sintomas e melhoria da contratilidade no controle ecocardiográfico de 6 meses. Esse exemplo demonstra que a presença de isquemia documentada pela ressonância seleciona casos que se beneficiariam de procedimentos de revascularização.

inferioridade a ressonância mostrou capacidade de prever eventos similares aos procedimentos invasivos.

Em nosso serviço realizamos a ressonância em 104 pacientes com mais de 70 anos de idade sem complicação em nenhum caso, embora outros 28 casos não puderam ser submetidos ao exame em razão da existência de disfunção renal. Comparados aos resultados dos exames invasivos, o exame se destacou pelo poder preditivo positivo e por identificar com segurança casos de doença coronária extensa, permitindo o diagnóstico de isquemia mesmo nos 38 casos de pacientes com doença coronária triarterial e nos 13 casos em que havia estenose significativa no tronco da coronária esquerda.

IDENTIFICAÇÃO DO INFARTO DO MIOCÁRDIO E ANÁLISE DA VIABILIDADE MIOCÁRDICA

A técnica de realce tardio por ressonância permite identificar com precisão zonas de necrose e fibrose, mesmo em casos de pequenos infartos que não tenham tido manifestação clínica exuberante. Essa característica pode ser muito útil em idosos, exatamente porque esse subgrupo costuma ter manifestações clínicas menos características nas quais o episódio de isquemia aguda possa passar despercebido. Além disso, a quantificação da área afetada também tem valor prognóstico porque existe relação linear entre a quantidade de massa miocárdica perdida e a sobrevida livre de eventos dos pacientes avaliados, e a mensuração dos trechos infartados é feita de maneira muito simples e objetiva pela ressonância. Outra informação relevante que essa avaliação fornece é a identificação de zonas vulneráveis para o desenvolvimento de arritmias. A interface entre a área de infarto e o tecido miocárdico normal – zona cinzenta – constitui potencial foco de arritmias ventriculares malignas e correlaciona-se com indução de fibrilação/taquicardia ventricular ao estudo eletrofisiológico e a maior número de eventos. A avaliação da perfusão miocárdica também pode ser útil para demonstrar a presença de regiões nas quais há oclusão da microcirculação (*no reflow*), que representa um preditor de eventos adversos mesmo em pacientes que têm a artéria relacionada ao infarto aberta após o evento agudo.

Os parâmetros acima descritos são diagnosticados com o uso de contrastes paramagnéticos e já são empregados na prática clínica há cerca de duas décadas, contudo, recentemente, dois tipos de séries começaram a ser utilizadas com sucesso na prática clínica. Séries baseadas em uma das características da liberação da energia acumulada pelos núcleos de hidrogênio, chamada de T2, têm sido muito eficazes no sentido de revelar a presença de edema e têm auxiliado, portanto a identificar casos de miocardite e a revelar a extensão da área em risco em pacientes na fase aguda de infarto do miocárdio. Outro tipo de aquisição, ponderada no outro parâmetro que mede a liberação da energia magnética, chamado de T1, tem sido empregado com sucesso para identificar a presença de fibrose miocárdica intersticial que pode não ser identificada pelas técnicas habituais. Embora esse tipo de sequência de aquisição de imagens seja mais útil em alguns casos de cardiomiopatia dilatada, elas têm demonstrado utilidade também em portadores de doença coronária crônica, revelando pacientes que podem apresentar disfunção contrátil mesmo sem terem sofrido episódios de infarto do miocárdio, mas cuja exposição prolongada à isquemia pode levar a perda da contração em segmentos do miocárdio.

Embora as técnicas de estímulo contrátil com dobutamina também possam ser utilizadas para o diagnóstico de necrose, fibrose e viabilidade em pacientes com doença coronária, a simplicidade e a utilidade clínica comprovada fazem com que os protocolos empregando o contraste paramagnético, em associação com as técnicas de mensuração dos tempos de relaxamento, sejam o protocolo de escolha nos dias atuais.

Em nosso serviço, avaliamos por ressonância 76 pacientes com sintomas de cansaço e fadiga e com mais de 70 anos de idade, sem diagnóstico confirmado de doença coronária, embora apresentassem fatores de risco como hipertensão em 42, diabetes em 52, dislipidemia em 49 e tabagismo em 23. Nesse grupo, encontramos imagens de sequela de evento isquêmico prévio em 19, que foram mantidos em tratamento clínico, e não encontramos sinais de fibrose, mas imagens compatíveis com isquemia miocárdica em 32, que foram submetidos com sucesso à revascularização do miocárdio. Nos restantes 25, havia imagem de áreas isquêmicas ao lado de zonas de fibrose miocárdica. Todos foram revascularizados e quando havia maior área de isquemia do que fibrose (mais de 50% da área de risco – 17 pacientes) houve alívio dos sintomas e o ecocardiograma de controle mostrou aumento da fração de ejeção. Já nos 8 casos em que a zona de fibrose era maior do que a região isquêmica, não houve benefício clínico ou funcional da revascularização. Achados desse tipo mostram que a ressonância pode ter papel de destaque na identificação de doença coronária em pacientes idosos, mesmo quando não há confirmação prévia do diagnóstico.

PROCESSO DE ENVELHECIMENTO

Além de ser utilizada para o diagnóstico de cardiopatias em pacientes idosos, a ressonância pode refletir se o coração passa por um processo de envelhecimento saudável ou se há algum tipo de cardiopatia interferindo na evolução do órgão. Fletcher et al. mostraram que em animais de experimentação que evoluem com insuficiência cardíaca há remodelamento ventricular com alteração dos volumes ao final de diástole e de sístole e nesses a ressonância pode demonstrar a presença de fibrose intersticial, por técnicas que compõem imagens utilizando como base as medidas de um dos parâmetros de avaliação do tempo de relaxamento dos átomos de hidrogênio, T1.

Mais tarde, esses achados foram confirmados em seres humanos pelos investigadores do grupo MESA, que concluíram também que pessoas que procuraram manter estilo de vida saudável, com dieta adequada e controle do peso corpóreo, além da prática de exercícios, conseguiam reverter esse processo e apresentavam menor grau de fibrose intersticial e, consequentemente, melhor desempenho ventricular. Esse tipo de achado é exclusivo da ressonância e pode dar informações importantes sobre como intervenções no estilo de vida e o uso de alguns fármacos pode influenciar positivamente no envelhecimento e assim auxiliar a tornar mais saudável essa cada vez mais importante fase da vida.

O Quadro 1 mostra um fluxograma com sugestão de quando utilizar a ressonância magnética na avaliação clínica de pacientes idosos com suspeita de cardiopatia.

Quadro 1 Principais indicações da ressonância em cardiopatas idosos

Paciente com insuficiência cardíaca refratária ao tratamento clínico
Paciente com cardiomiopatia nos quais se deseja definir a etiologia
Pacientes valvopatas com disfunção ventricular
Pesquisa de isquemia em pacientes incapazes de se exercitar ou nos quais o exercício foi ineficaz
Diagnóstico de infarto prévio em pacientes com dispneia a esclarecer
Pesquisa de viabilidade miocárdica em pacientes com doença coronária e disfunção ventricular
Diagnóstico diferencial de hipertrofias miocárdicas

REFERÊNCIAS BIBLIOGRÁFICAS

1. Sara L, Szarf G, Tachibana A, Shiozaki AA, Villa AV, de Oliveira AC, et al. II Guidelines on cardiovascular magnetic resonance and computed tomography of the Brazilian Society of Cardiology and the Brazilian College of Radiology. Arquivos Brasileiros de Cardiologia. 2014;103(6 Suppl 3):1-86.
2. Greenwood JP, Ripley DP, Berry C, McCann GP, Plein S, Bucciarelli-Ducci C, et al.; CE-MARC 2 Investigators. Effect of care guided by cardiovascular magnetic resonance, myocardial perfusion scintigraphy, or NICE Guidelines on subsequent unnecessary angiography rates: The CE-MARC 2 Randomized Clinical Trial. JAMA. 2016;316(10): 1051-60.
3. Foley JR, Plein S, Greenwood JP. Assessment of stable coronary artery disease by cardiovascular magnetic resonance imaging: current and emerging techniques. World J Cardiol. 2017;9(2):92-108.
4. Dweck MR, Williams MC, Moss AJ, Newby DE, Fayad ZA. Computed tomography and cardiac magnetic resonance in ischemic heart disease. J Am Coll Cardiol. 2016;68(20):2201-16.
5. White JA, Fine NM. Recent advances in cardiovascular imaging relevant to the management of patients with suspected cardiac amyloidosis. Curr Cardiol Rep. 2016;18(8):77.
6. Kalisz K, Rajiah P. Impact of cardiac magnetic resonance imaging in non ischemic cardiomyopathies. World J Cardiol. 2016;8(2):132-45.
7. Liu CY, Liu YC, Wu C, Armstrong A, Volpe GJ, van der Geest RJ, et al. Evaluation of age-related interstitial myocardial fibrosis with cardiac magnetic resonance contrast enhanced T1 mapping: MESA (Multi-Ethnic Study of Atherosclerosis). J Am Coll Cardiol. 2013;62(14):1280-7.
8. Jimenez JL, Crean AM, Wintersperger BJ. Late gadolinium enhancement imaging in assessment of myocardial viability: techniques and clinical applications. Radiol Clin North Am. 2015;53(2):397-411.

CAPÍTULO 15

Atividade física e esportiva no idoso

Nabil Ghorayeb
Felício Savioli Neto

INTRODUÇÃO

A expectativa de prolongar a vida com qualidade é o grande objetivo de todos que atravessam os 60 anos, idade com a qual as pessoas passam a ter o adjetivo idoso nos países em desenvolvimento, enquanto a Organização Mundial da Saúde[1] adota a idade de 65 anos para o início da velhice. O conhecimento sobre o benefício da atividade física regular passou a servir de argumento para essa crescente população.

O envelhecimento é o processo caracterizado pelo declínio funcional natural, constante e progressivo, que se inicia ao redor dos 35 anos, cuja velocidade depende dos hábitos de vida. A esperança de vida ao nascer tem aumentado substancialmente nos últimos anos, proporcionando um crescimento acentuado da população geriátrica nos países ricos e ultimamente nos em desenvolvimento. Assim, estabelecer o momento em que o indivíduo se torna velho continua sendo um dos grandes desafios para a ciência. Um fato incontestável dessa população é ela ser muito heterogênea, com mais morbidades e ser vulnerável física e mentalmente, caracterizando uma dissociação da relação entre idade biológica e cronológica.

A partir da década de 1970, a importância do estilo de vida saudável, sobretudo os benefícios da atividade física, foi incorporada pela prática médica e rapidamente difundida para a população geral, aumentando o interesse pelo exercício físico e uma crescente prática desportiva em todas as faixas etárias. O aumento da longevidade associado a melhores níveis de saúde tem propiciado um maior número de idosos fisicamente ativos.

Didaticamente, é possível classificá-los como:

- Atleta idoso: com capacidade funcional acima da média, continua treinando e participando de competições esportivas, apesar do avançar da idade.
- Idoso atleta: indivíduo que treina regularmente, mas não participa de competições esportivas.
- Idoso ativo: indivíduo que se mantém em ocupações diárias de vida que requerem grande esforço físico.

Apesar de a quantidade de estudo dessa população ser pouco expressiva, existe grande interesse científico, que é o modelo ideal para estudar o envelhecimento.

ALTERAÇÕES CARDIOVASCULARES ASSOCIADAS AO ENVELHECIMENTO

Importantes alterações fisiológicas associadas ao envelhecimento podem afetar o desempenho atlético, entre as quais destacam-se as modificações cardiovasculares e a diminuição da massa muscular. A presbicardia, ou seja, o envelhecimento natural do coração, determina importantes modificações da estrutura e da função cardiovascular, comprometendo seu desempenho. A frequência cardíaca, a pré-carga, a pós-carga e o estado contrátil, principais determinantes da função cardíaca, são afetados pelo processo natural de envelhecimento[2]. Assim, a diminuição da resposta β_1-adrenérgica associada às alterações degenerativas do nó sinusal limitam a resposta cronotrópica durante o estresse físico. O comprometimento do relaxamento miocárdico e a menor complacência do ventrículo esquerdo dificultam seu enchimento e reduzem a pré-carga. O enrijecimento vascular e a menor resposta vasodilatadora mediada pelos receptores β2-adrenérgicos elevam a pós-carga. O declínio da capacidade produtiva de ATP pelas mitocôndrias associada a menor resposta dos receptores β1 diante da estimulação adrenérgica diminui a reserva contrátil do coração.

Na ausência de doenças cardiovasculares, essas alterações não afetam a função cardíaca, mesmo em idades mais avançadas. Entretanto, em situações de estresses fisiológicos (atividade física e esportiva) ou patológicos (isquemia coronariana, hipertensão arterial, taquiarritmias, processos infecciosos), condições em geral bem toleradas por indivíduos jovens podem precipitar, nos idosos, uma disfunção cardíaca representada pela insuficiência cardíaca. O envelhecimento natural também interfere em outros sistemas do organismo, podendo comprometer o desempenho esportivo: redução da função renal, diminuição da capacidade ventilatória, aumento da resistência vascular pulmonar, menor capacidade autorregulatória do sistema nervoso central, diminuição da musculatura esquelética e atraso na resposta imunológica contra as agressões são condições com elevado potencial de interação com os mecanismos fisiológicos do exercício físico. Entre as idades de 30 e 70 anos, o VO_2máx declina, em média, 9,1% e 7,5% por década respectivamente em homens e mulheres.

Benefícios da atividade física nos idosos

O exercício físico regular está associado à redução da mortalidade e da morbidade relacionada ao envelhecimento. O risco relativo (RR) para doença cardiovascular associado ao sedentarismo é estimado em 1,9, menor do que outros fatores de risco modificáveis como hipertensão arterial (RR = 2,1) e tabagismo (RR = 2,5), mas tem prevalência substancialmente maior[4]. Portanto, assim como nos mais jovens, o exercício físico regular está associado a importantes benefícios nos idosos.

Evidências demonstram que a prática de atividade física e esportiva melhora o condicionamento físico e combate eficientemente as doenças, retardando o declínio funcional da população geriátrica. Além disso, o exercício físico fortalece o aparelho osteomuscular, diminui as quedas, reduz dores articulares, diminui os riscos para diabetes e doença arterial coronária (DAC), melhora a depressão, comum nessa faixa etária, e aumenta a longevidade.

Riscos do treinamento intenso nos idosos

O denominador comum de todos os casos de morte súbita é a instabilidade elétrica que leva a arritmia fatal. A combinação do esforço físico com cardiopatias de base frequentemente leva a essa instabilidade. Nos atletas idosos, a DAC é a mais frequente morbidade e a maior causa de mortalidade, e a atividade física intensa pode levar a ruptura de placa aterosclerótica, seguida de isquemia e instabilidade elétrica, além de fibrilação ventricular. O risco de morte súbita em atletas jovens é estimado em 1:200.000 praticantes, enquanto em atletas idosos é de 1:15.000.

A DAC é responsável por mais de 75% dos óbitos de idosos, porém há outras causas pouco comuns, como valvopatias adquiridas, cardiomiopatia hipertrófica e arritmias complexas. O exercício aeróbico regular reduz o risco global de eventos coronarianos e os fatores de risco para DAC, porém é contraditório o fato de o exercício físico aumentar o risco de eventos coronarianos nos indivíduos com grave doença isquêmica do coração.

O risco de complicações cardiovasculares durante o exercício físico intenso, apesar de pouco frequente, aumenta com o avançar da idade. Entretanto, os benefícios derivados do exercício físico superam amplamente tais riscos.

Embora esforço físico intenso esteja associado a aumento no risco de morte súbita durante o exercício em indivíduos com cardiopatia oculta, o risco absoluto de um evento cardíaco durante o exercício é extremamente baixo.

Nos atletas idosos, a principal causa de morte súbita é a DAC. Muitas mortes súbitas ocorridas em atletas são causadas por cardiopatias silenciosas, ou de difícil detecção por história e exame físico. Muitos não apresentam sintomas consistentes com cardiopatia ou não referem história familiar de morte súbita. Importantes indícios de anormalidades cardíacas incluem história de síncope, dores precordiais e história familiar de morte súbita. Nos atletas idosos, em decorrência da maior prevalência de DAC, tal risco é substancialmente maior.

Avaliação pré-participação

A consulta clínica visa à identificação de doença coronária subjacente, de presença de sintomas dos fatores de risco, de uso de medicações e das moléstias pregressas, bem como de histórico familiar de DAC, em especial quando precoce, e de morte súbita.

Exame clínico

Deve incluir avaliação do estado nutricional, do equilíbrio, da musculatura esquelética e articulações. A proposta, logo, é de uma avaliação focada no risco global do paciente geriátrico, apoiada também em escores de risco já consagrados, embora nenhum destes seja isento de falhas.

Algumas peculiaridades dos idosos devem ser comentadas, pois seu desconhecimento pode induzir a erros de conduta quando da liberação para atividades atléticas. Sintomas de dor ou desconforto torácico, ou ainda em punho, ombro, especialmente quando precipitados pelo esforço, devem alertar o cardiologista para a possibilidade de cardiopatia subjacente. Nessa população, também são frequentes as manifestações chamadas de equivalentes anginosos, caracterizados principalmente por dispneia desproporcional, palpitações, tonturas e pré-síncope.

A avaliação física deve incluir a palpação dos pulsos periféricos e a ausculta de sopros em terreno carotídeo, pois a doença oclusiva vascular periférica (DAOP) tem crescido de modo substancial nessa faixa etária. Também são comuns os sopros cardíacos incidentais, de difícil diferenciação entre alterações degenerativas senis e doença valvar estabelecida, impondo a necessidade de ampliar a investigação para o diagnóstico. A mensuração da pressão arterial (PA) deve ser feita de modo cuidadoso. Com o progredir da idade observam-se aumento da incidência de hipertensão sistólica isolada e assintomática e algumas particularidades que incluem aumento da variabilidade de níveis pressóricos, síndrome do avental branco e hipotensão ortostática. Por essas razões é recomendável a medida da PA em diversas ocasiões e em duas posições – sentada (ou deitada) e em pé – antes de descartar ou afirmar um diagnóstico de hipertensão arterial sistêmica.

O conjunto dessas ações determina uma investigação diagnóstica individualizada, pois a universalização de exames subsidiários indiscriminados é causa de impactos apreciáveis, inicialmente pela imposição de ônus financeiro aos serviços públicos de saúde, principais responsáveis pelo atendimento de uma população com renda insuficiente para pagar planos de saúde privados. Somam-se as dificuldades quando alterações ao eletrocardiograma (ECG) ou restrições na execução de teste ergométrico em decorrência de fraqueza muscular, desequilíbrio e artrose, entre outras, determinam a indicação de ecocardiograma ou de provas provocativas de isquemia por indução farmacológica. A consequente elevação dos custos e a escassez de oferta desses recursos ampliam a dificuldade de acesso aos exames em parcela significativa de idosos que, marginalizados, deixam de usufruir os benefícios de programas de exercícios com baixa probabilidade de desencadear eventos cardiovasculares. Diferenciar as alterações encontradas em exames de pessoas, aparentemente saudáveis, que sofrem o processo natural de envelhecimento daquelas causadas pela adaptação cardiovascular ao exercício acrescenta complexidade à tarefa de estratificação de risco pré-participação esportiva.

Eletrocardiograma

O ECG de repouso é o método básico para determinar a presença de DAC e outras anormalidades. No idoso, entretanto, tem limitada aplicação como exame de pré-seleção para atividade física. Inúmeros achados eletrocardiográficos, como bradicardia sinusal, alterações menores de ST/T, padrão Q-QS sugestivas de infarto do miocárdio (IM), hipertrofia ventricular (HVE), arritmias atriais e ventriculares, bem como defeitos de condução, são inespecíficos para insuficiência coronária. Essas alterações são observadas mais no sexo masculino, progridem com a idade e têm prevalência variável, na dependência da metodologia e critérios de inclusão, segundo os relatos de diversos autores. A elevada prevalência de IM silencioso e sem tradução ao ECG (IM não Q) entre idosos, as alterações de ST-T e da HVE têm elevado o valor prognóstico segundo os estudos de Framingham. De tal sorte, a importância dessas alterações necessita ser mais bem compreendida e elucidada, não admitindo o reducionismo e a negligência da interpretação como variações da normalidade.

Ecocardiograma

O ecodopplercardiograma é, entre os métodos não invasivos, o de maior aplicabilidade e reprodutibilidade. Está indicado sempre que houver suspeita ou diagnóstico clínico de cardiopatia. Entretanto, esse método encontra limitações nos obstáculos oferecidos pelas transformações naturais do coração que envelhece. Têm sido descritas alterações anatômicas como: hipertrofia ventricular esquerda (HVE) com preservação das dimensões sistólicas e diastólicas do ventrículo esquerdo (VE), fato atribuído ao aumento na espessura das paredes ventriculares; graus variáveis de degeneração com fibrose, calcificação e disfunção das valvas aórtica e mitral; aumento do átrio esquerdo e ectasia de aorta. Como resultado do aumento da massa e da diminuição da distensibilidade do VE, é comum o achado de disfunção diastólica em idosos, notadamente do sexo feminino. Na ausência de hipertensão arterial ou de sintomas de insuficiência cardíaca é sutil e, talvez, improvável a clara diferenciação entre remodelamento cardiovascular consequente à atividade esportiva que inclui, em fases mais tardias, a HVE dos processos fisiopatológicos próprios do avançar da idade.

Teste ergométrico

Por sua capacidade de determinar a tolerância ao esforço e a detecção de isquemia miocárdica induzida pelo esforço, o teste ergométrico (TE) é o mais importante entre os exames complementares. O Departamento de Ergometria, Exercício e Reabilitação Cardiovascular (DERC) da Sociedade Brasileira de Cardiologia recomenda sua execução a todos os atletas idosos, de ambos os gêneros e que desejam ingressar em atividades físicas vigorosas ou, ainda, para os indivíduos sedentários com pelo menos um fator de risco para DAC. A exigência do teste ergométrico é sempre questionável em indivíduos assintomáticos, com baixa probabilidade de doença coronária, em razão do valor relativo de resultados falsos-positivos ou negativos. Não é o caso de pessoas acima dos 55 anos nas quais as evidências apontam um excesso de risco para DAC. Nessa perspectiva, a maior prevalência de doença coronariana melhora a sensibilidade, mas diminui a especificidade dos resultados do teste aplicados a indivíduos acima ou abaixo dos

60 anos. Várias metanálises constataram que a sensibilidade e especificidade para identificar isquemia miocárdica nos idosos giram em torno de 68 e 77%, respectivamente. Dado que esses indicadores são equiparáveis aos dos métodos diagnósticos por imagem, de elevado custo, o TE se afirma como um procedimento em que a relação custo/benefício é satisfatória. Os testes associados a imagens ficam reservados aos pacientes que apresentam alterações eletrocardiográficas contraindicativas ao TE simples.

A probabilidade de existir doença coronária é estabelecida por estudos de sua prevalência nos vários grupos populacionais na dependência de variáveis como idade, gênero, presença de sintomas e/ou de seus fatores de risco. O valor preditivo de um teste positivo ou negativo está relacionado à probabilidade pré-teste de DAC, assim estabelecida. Quanto maior a prevalência, maior o valor preditivo de um teste positivo o ser verdadeiramente. Com esses critérios, Diamond e Forrester estabeleceram diferentes graus de probabilidade de um indivíduo ser portador da doença, por década de vida, após os 30 anos.

A observação mais criteriosa desses dados mostra que a crescente população acima dos 70 anos não foi contemplada, ou seja, inexistem parâmetros estabelecidos para uma orientação segura. No entanto, alguns estudos que buscaram estabelecer o valor preditivo de alterações ao TE em pacientes com probabilidade pré-teste elevada constataram forte correlação entre os resultados positivos e o desenvolvimento de eventos coronários, durante acompanhamento de 5 anos. O resultado positivo ou negativo, baseado no comportamento do segmento ST, sofre a interferência de múltiplas comorbidades e/ou das metodologias empregadas.

Quando se consideram os objetivos da estratificação de risco pré-participação desportiva, fica claro que o resultado desta terá implicação direta na liberação ou no impedimento à prática ou, ainda, no redirecionamento do atleta para programas de atividades mais adequadas a sua condição cardiovascular. Por essa razão,

tem se mostrado útil o refinamento diagnóstico pela análise, nos períodos de exercício e recuperação, de outras variáveis observadas no teste ergométrico. Manifestações clínicas, outros sinais eletrocardiográficos, curvas de frequência cardíaca e pressão arterial, capacidade para atingir pelo menos 90% da frequência cardíaca máxima prevista, carga total atingida, traduzida em unidades metabólicas ou MET, bem como, quando presentes, o comportamento de arritmias supraventriculares ou ventriculares, têm sido avaliados quanto ao seu potencial diagnóstico e prognóstico.

Com esse intuito, inúmeros estudos de acompanhamento de pacientes submeteram esses dados a análises estatísticas complexas das quais derivaram equações matemáticas ou escores de risco que, aplicados aos testes, poderiam fornecer maiores subsídios. Em nosso meio, o mais difundido é o escore da Universidade de Duke, que utiliza o infradesnível de ST durante o esforço, a capacidade funcional e a ocorrência e intensidade de dor anginosa precipitada pelo exercício, traduzido na equação:

$$\text{Escore} = \text{Tempo total de exercício} - (5 \times \text{infradesnível de ST}) - (4 \times \text{grau de angina})$$

Em que: tempo total é convertido em MET; 1 MET= 3,5 mL/kg/min e o grau de angina: 0 = ausência de dor; 1 = dor típica; 2 = dor típica que obriga a interrupção do exame; infradesnível de ST mensurado em mm e em sua maior depressão.

Por esta equação é possível definir três níveis de risco para DAC: baixo risco quando o resultado é igual ou inferior a +5, representando uma mortalidade anual de 0,5%; risco intermediário entre +5 e −11 para mortalidade anual entre 0,5 e 5% e o grupo de alto risco com escore de −11 a −25 com mortalidade estimada acima de 5% ao ano.

Embora de largo uso, a aplicação desse escore não foi validada para ambos os sexos, assim como se demonstrou inconsistente entre idosos. Estudos que compararam populações abaixo e acima dos 65 anos e ainda entre 70 e 75 anos concluíram que as variáveis do TE com maior possibilidade preditiva para morte por todas as causas e mortalidade cardiovascular foram capacidade funcional e infradesnível de ST.

A incorporação de novos elementos, como dados de doença coronária pregressa, às variáveis do TE permitiu o estabelecimento de novos escores, porém nenhum com resultados inequívocos, muito menos testados na população brasileira.

Eletrocardiograma dinâmico: Holter

Desde a sua introdução em nosso meio, o ECG ambulatorial, por se constituir método isento de risco, baixo custo e execução simples, vem encontrando crescentes aplicações, especialmente na população geriátrica. Como método de estratificação de risco em atletas adquire legitimidade quando da investigação de distúrbios do ritmo sintomáticos ou não encontrados ao ECG de repouso ou precipitados pela prática esportiva ou provocados pelo exame ergométrico.

Os atletas não são pessoas mais propensas a arritmias do que os não atletas. Não obstante, as alterações autonômicas próprias do envelhecimento e que conduzem à redução da frequência cardíaca (FC) se superpõem àquelas observadas como adaptações ao exercício. A bradicardia sinusal torna-se problema quando sintomática, quando denuncia déficit cronotrópico ou ainda ao propiciar o surgimento de arritmias, mesmo que na ausência de cardiopatia subjacente. Nesses casos, a realização de Holter pode prover importantes subsídios na avaliação de registros de pausas, variabilidade diurna e noturna da FC e promover o diagnóstico de doença do nó sinusal ou de síndrome de braditaquicardia. Outras situações encontradas no esportista e também nos idosos, como decorrência do predomínio vagal, são os bloqueios atrioventriculares de 1º grau e do 2º grau Mobitz tipo I ou Wenckebach. Dependendo das características de PR e duração de QRS poderão ser necessários exames adicionais ao Holter, tais como ecocardiograma e estudo eletrofisiológico, para a localização do bloqueio ou para descartar cardiopatia subjacente.

A fibrilação atrial é a arritmia mais comum em atletas, tendo como uma de suas prováveis causas o aumento do tono vagal. Em idosos, independentemente da condição de ativo ou sedentário, é a arritmia mais frequente. Admite múltiplas etiologias e tem prevalência progressiva com o avanço da idade, podendo atingir mais de 9% das pessoas acima dos 70 anos. O Holter nessa situação é indispensável, seja na avaliação de sua apresentação – se sob forma paroxística ou crônica – seja na tomada da conduta ou na avaliação da eficácia terapêutica. Da mesma forma que nas situações anteriormente descritas, adquire relevância quando associada à cardiopatia.

Estudos realizados há mais de 25 anos indicavam a presença de arritmia ventricular ao ECG de repouso como de valor preditivo para morte súbita. A monitorização eletrocardiográfica ambulatorial demonstrou que pessoas, aparentemente saudáveis em qualquer idade, podem apresentar um número variável de extrassístoles inocentes quanto àquele prognóstico. A necessidade de valorar a arritmia determinou sua classificação baseada em critérios numéricos, de apresentação ou distribuição e o Holter é um método de importante apoio. O estudo de Framingham demonstrou ser a presença de hipertrofia ventricular esquerda (HVE) um preditor de arritmias e morte súbita, sendo essa condição frequente entre idosos, como resultado do envelhecimento natural ou de adaptações às condições de hipertensão arterial sistêmica ou de estenose aórtica. Como já foi dito, a cardiomiopatia hipertrófica assimétrica não é um substrato usual para a morte súbita em atletas idosos, porém deve ser pesquisada. O ECG ambulatorial pode prover o diagnóstico de isquemia silenciosa ou de eventuais gatilhos para o desencadeamento das arritmias ventriculares. É útil mesmo quando o teste ergométrico tenha induzido seu surgimento, pois muitas são as demandas diárias em esforços rotineiros a desencadear arritmias potencialmente graves em pacientes assintomáticos. A disfunção ventricular esquerda é uma das causas mais comuns de arritmias ventriculares em idosos e pode ser avaliada pelo ecocardiograma, que também auxilia na demonstração de déficits contráteis segmentares correspondentes a infartos do miocárdio silenciosos.

CONSIDERAÇÕES FINAIS

Essas observações pretendem reforçar a necessidade de investigar a possibilidade de doença cardiovascular em todo candidato idoso a desempenhar atividade física ou que continue uma prática já desenvolvida há anos. Como se buscou enfatizar, as condições do envelhecimento natural são por vezes indistinguíveis daquelas observadas em atletas saudáveis com coração adaptado ao esporte ou mesmo se apresentam velando morbidades silenciosas. Como a vida é um processo ou *continuum*, portanto mutável, a avaliação clínica do atleta idoso deve obedecer a uma periodicidade determinada pela equipe assistente e, preferencialmente, multidisciplinar.

REFERÊNCIAS BIBLIOGRÁFICAS

1. World Health Organization (WHO). Active ageing: a policy framework. Second United Nations World Assembly on Ageing. Madrid; 2002.
2. Brasil. Ministério da Saúde. Estatuto do idoso. Brasília; 2003.
3. Sun F, Norman IJ, While AE. Physical activity in older people: a systematic review. BMC Public Health. 2013;13:449.
4. Chodzko-zajko WJ, Proctor DN, Fiatarone Singh MA, Minson CT, Nigg CR, Salem GJ, et al. American College of Sports Medicine position stand. Exercise and physical activity for older adults. Med Sci Sports Exer. 2009;41:1510-30.
5. Taylor D. Physical activity is medicine for older adults. Postgrad Med J. 2014;90:26-32.
6. Penedo FJ, Dahn, JR. Exercise and well-being: a review of mental and physical health benefits associated with physical activity. Current Opinion in Psychiatry. 2005;18(2):189-93.
7. Nelson ME, Rejeski WJ, Blair SN, Duncan PW, Judge JO, King AC, et al. Physical activity and public health in older adults. Recommendation from the American College of Sports Medicine and the American Heart Association. Circulation. 2007;116:1-11.
8. IBGE. Censo Demográfico 2010. Disponível em: http://www.ibge.gov.br/home/estatistica/populacao/censo2010/. Acesso em: 17 abr. 2017.
9. Bonow RO, Mann DL, Zipes DP, Libby P. Braunwald's heart disease cardiovascular medicine. 8th edition. Philadelphia: WB Saunders; 2008.
10. Nabil G, Costa RVC, Castro I, Daher DJ, Oliveira Filho JA, Oliveira MA. Diretriz em cardiologia do esporte e do exercício da Sociedade Brasileira de Cardiologia e da Sociedade Brasileira de Medicina do Esporte. Arq Bras Cardiol. 2013;100(1Suppl 2):1-41.

Índice remissivo

A

ACCORD 40
Adenosina 91
Aldolase 11
Alergia ao contraste iodado 106
Alterações
    associadas à idade na estrutura cardíaca 21
    cardiovasculares associadas ao envelhecimento 121
    eletrocardiográficas mais prevalentes observadas em idosos 57
    macroscópicas associadas ao envelhecimento cardíaco 21
Amiloide 98
Amiloidose cardíaca 34, 98
Amilose cardíaca 100
Análise
    física 9
    química 10
Anamnese 4
Angiotomocoronariografia 5
Angiotomografia de artérias coronárias 103
    e idosos 104
Antagonistas da aldosterona 41
Anticoagulação com a varfarina 20
Anticoagulantes 20
    orais 46
Antiplaquetários 44

Apneia do sono 63
Arritmias supraventriculares 62
Atividade física nos idosos 122
Atletas idosos 121, 126
Aumento da incidência e da prevalência de doenças cardiovasculares 24
Avaliação
    da perfusão miocárdica 117
        com o uso de agentes vasodilatadores 117
    física 123
    laboratorial 4
    pré-participação 123
Azatioprina 39

B

Benzotiazepinas 42
Betabloqueadores 33, 41
    cardiosseletivos 106
Biópsias endomiocárdicas 99
Bloqueadores
    alfa-adrenérgicos 47
    de canais de cálcio 42
    dos receptores de angiotensina (BRA) 43
Bloqueio atrioventricular de primeiro grau 55
Bradiarritmias 59
BUN (*blood urea nitrogen*) 7

C

Calcificação 108

    coronariana 109
    do anel mitral 82
Campo magnético 114
Câncer relacionado à radiação 108
Caracterização do miocárdio 114
Carbamazepina 39
Cardiomiopatia
    dilatada 30
    hipertrófica 32, 89
        familiar 18
    restritiva 33
Ciclosporina 39
Cilindros urinários 11
Cinecoronariografia 6
Cintilografia
    cardíaca com pirofosfato de tecnécio 99
    com pirofosfato-Tc-99m para amiloidose cardíaca 98
    de perfusão miocárdica 5, 95
    na avaliação de doença arterial coronariana em idosos 95
Cistatina C 9
CK-MB massa 12
Classificação das cardiomiopatias 29
Clearance da creatinina 8
Climatério 50
Cloropropamida 39
Clortalidona 41
Consumo de oxigênio 74
Contraste
    iodado 106

paramagnético 119
Creatinina 7
Creatinoquinase 11

D

Degeneração da substância branca cerebral 63
Demência 63
Depuração 8
Desempenho esportivo 122
Digoxina 39, 46
Di-hidropiridinas 42
Diltiazem 33
Dipiridamol 91, 117
Disfunção
   diastólica 88
   ventricular esquerda 114
   ventricular no idoso 25
Disopiramida 39
Diuréticos
   de alça 41
   tiazídicos 41
Dobutamina 91, 117
Doença(s)
   de Chagas 30
   do sarcômero 32
   oclusiva vascular periférica 123
   sistêmicas 24
Doppler contínuo 77

E

Ecocardiograma 82, 124
   Doppler 76
   na avaliação do idoso cardiopata 83
   papel da 87
   sob estresse 5, 90
   transtorácico 5
Ecodopplercardiograma 124
Ectopias atriais 62
Eletrocardiograma 4, 124
   ambulatorial 126
   de 24 horas 5
   dinâmico 5
   em idosos 54
   Holter 126
Envelhecimento
   cardíaco celular 22
   cardiovascular e cardiomiopatias 29

Enxertos vasculares 108
Esclerose valvar aórtica 82
Escore
   da Universidade de Duke 125
   de cálcio 5, 109
Esmolol 106
Espironolactona 41
Estatinas 43
Estenose aórtica degenerativa 83
Estimativa da taxa de filtração glomerular 8
Estratificação de risco
   pré-participação desportiva 125
   cardiovascular 109
Estresse farmacológico com vasodilatadores 95
Estrogênio 50
Estudo de Framingham 126
Exame(s)
   complementares 4
   de urina de rotina 9
   físico 4
   para avaliação da função ventricular em idosos 27
Extrassístoles ventriculares 63
Ezetimiba 43, 44

F

Farmacocinética 37
Farmacodinâmica 37
Farmacogenômica 19
Fármacos 38
Fase de sono 63
Fatores que ligam o envelhecimento a insuficiência cardíaca 23
Fenilalquilaminas 42
Fibratos 44
Fibrilação atrial 126
Fibrose nefrogênica sistêmica 114
Fração de ejeção
   reduzida 79
   normal 80
Frequência e ritmo cardíacos 105
Função diastólica do ventrículo esquerdo 77
Função sistólica 24
   do ventrículo esquerdo 76

G

Gadolínio 113, 114
Genfibrozila 44

H

Hidroclorotiazida 41
Hipercolesterolemia familiar 17
Hipertrofia
   miocárdica 89
   secundária à hipertensão arterial 90
   ventricular esquerda patológica 89
Holter 62, 126
   de 24 horas 5

I

Idoso
   ativo 121
   atleta 121
   DAC e teste ergométrico 72
Impacto da idade na função cardíaca 23
Indução do estresse 90
Inibidores da enzima conversora da angiotensina 41, 42
Insuficiência
   cardíaca 25
   mitral primária ou orgânica 88
Interações medicamentosas 39
Isquemia 96
   miocárdica 66
   induzida 90
   no teste ergométrico 72
   silenciosa 66, 97, 126
Ivabradina 106

J

Janela
   diastólica 105
   sistólica 105
Jejum e medicamentos 107

L

Lidocaína 39

M

Macro-CK 12
Marcadores de envelhecimento cardiovascular 21
Massa ventricular esquerda e cavidades cardíacas 81
Medicina nuclear 94
Metas no tratamento da hipertensão 38
Metoprolol 106
Microalbuminúria 9
Mioglobina 11
Monitor de eventos cardíacos (Looper) 5
Monitorização ambulatorial da pressão arterial (MAPA) 5
Mudanças das valvas cardíacas 82

N

Nefropatia induzida por contraste 107
Niacina 44
Nitratos 45

O

Ondas de calor 50

P

Pacientes idosos com insuficiência cardíaca 87
Peculiaridades
    de comportamentos 3
    clínicas 3
Peptídeos natriuréticos 13
Placas de ateroma 108
Presbicardia 122
Principais fármacos de ação cardiovascular 41
Procainamida 39
Processo de envelhecimento 120
Propranolol 39, 42
Proteínas de baixo peso molecular na urina 9

Proteinúria 9
Próteses metálicas 114
Protocolo de rampa 73
Provas bioquímicas
    para a avaliação da função renal 7
    para o acompanhamento da ICC 11

Q

Quantificação da função diastólica do ventrículo esquerdo 116
Quinidina 39

R

Radiação 107
Radiografia do tórax 4
Redução do débito cardíaco 74
Regadenoson 117
Reposição de testosterona 47
Ressonância magnética 5, 113
    cardíaca de estresse 117
Riscos do treinamento intenso nos idosos 122
Ritmo cardíaco 106

S

Sarcoidose 116
    cardíaca 35
Sedimentoscopia 10
Sedimento urinário 11
Síndrome
    da calcificação senil 82
    de Wolff-Parkinson-White 63
Sinvastatina 44
SPRINT 38
Stents 108, 109
Sulfonilureias antidiabéticas 39

T

Taquicardia
    atrial 62
    ventricular não sustentada 65

TCCOR 103
Terapia hormonal 50
Teste cardiopulmonar no idoso 73
Teste de esforço 91
Teste ergométrico 5, 124
    em idosos 71, 72
        aspectos metodológicos 72
        aspectos prognósticos 73
        critérios de interrupção 72
        indicações e contraindicações 72
Testes farmacogenéticos em cardiologia 19
Testes farmacológicos associados à imagem 5
Testes genéticos 16
Testosterona 47
Ticagrelor 45
Titina 26
Tolbutamida 39
Tomografia computadorizada por emissão de fótons únicos 97
Transição menopausal 50
Transtirretina 98
Tromboxano A2 45
Troponinas T e I 13
Trypanosoma cruzi 30

U

Uremia 7

V

Valor prognóstico do eletrocardiograma 57
Valvopatia aórtica degenerativa 83
Varfarina 39
Velocidades do fluxo de enchimento ventricular esquerdo 77
Verapamil 33
$VO_{2máx}$ 74
Vulnerabilidade psicossocial 2